投資賢者の心理学

大江英樹

日経ビジネス人文庫

はじめに

2017年のノーベル経済学賞はシカゴ大学のリチャード・セイラー教授が受賞しました。セイラー教授は「行動経済学」の専門家として有名で、その研究と業績に対して賞が授与されたわけですが、13年にノーベル経済学賞を受賞したイェール大学のロバート・シラー教授も行動経済学の研究者としてよく知られています。このように、近年この分野に対する関心が急速に高まってきています。

実は行動経済学というのは今ひとつしっくりこないネーミングで、本来の性格からいえば、むしろ「経済心理学」と言った方がいいぐらいです。なぜならそれは人間が陥りがちな心理を巧みに分析している学問だからです。行動経済学は日常の買い物や食事といった消費行動から医療、投資、経営戦略といったあらゆる人間の活動に影響を与える、非常に興味深いものです。そんな中でも特に投資や資産運用は行動経とは最も相性が良い分野です。投資というのは「損得」の結果がすぐに表れ、それによって心が揺れ動き、合理的な判断がしづらくなってしまうからです。しかも投資というのは不確実な状況の下での意思決定を迫られる性質のものですから、余計に不安が昂じて心理的なバイアスがかかりがちです。

本書は14年3月から約1年にわたって日経電子版で連載されたコラム「投資賢者の心理学」を15年に書籍化したものを、その後の状況の変化に合わせて加筆修正し、文庫化したものです。現在投資をしている方が、この時期に行動経済学について知っておくことは非常に有用なことだと思います。なぜなら、今こそ立ち止まって今後をじっくりと冷静に考えるべき時期だと思うからです。

12年のアベノミクスによる政策転換以降、紆余曲折はあっても株式市場はおおむね好調に推移してきました。現在の株価水準がバブルかどうかは何とも言えません。バブルというのはその最中にはわかるものではなく、はじけた後で「あれはバブルだった」と気づくものだからです。注意しなければならないのは、人間は上昇や下落といったマーケットの流れが1つの方向に向かうと、あたかもそれがずっと続くかのように勘違いしてしまいがちだということです。時代は変わっても人間の心理というのはそれほど大きくは変わらないものです。

本書には投資におけるそんな人間の心理がたくさん解説されています。投資は必ずしもうまくいくものとは限りませんが、人間の陥りがちな心理のクセを知っておくことで大きな損を未然に防ぐことはある程度可能です。

さあ、そんな投資賢者の心理学を学ぶ旅に出かけることにしましょう。

2017年12月

大江英樹

目次

はじめに 3

【第1章】誰もが思い込んでいる資産運用7つの勘違い 11

1. 金融機関はプロだと思う勘違い …… 13
2. サラリーマンはお金持ちになれないという勘違い …… 20
3. 定期預金ではインフレに対応できないという勘違い …… 27
4. 〝持たざるリスク〟という勘違い …… 34
5. 長期投資=低リスクの勘違い …… 40

6. リスク・リターンの勘違い …… 46
7. 投資の利益は不労所得という勘違い …… 53

[第2章] 投資の基本、ありがちな間違いは？ 59

1. 老後が心配だからそろそろFXでも!? …… 61
2. ドル＝コスト平均法を疑え …… 67
3. ○○向けの商品というまやかし …… 72
4. 株より債券の方が安全？ …… 78
5. お薦め銘柄を聞いてしまう投資家の思考停止 …… 84
6. 投資の世界ではアマがプロに勝てる …… 90
7. 投資手法と健康法 で、どれが一番いいの？ …… 97
8. やってはいけない、退職金投資デビュー …… 103

【第3章】株式投資に潜む心の罠　109

1．なぜ株式投資は十勝一敗でも損をするのか？……112
2．ナンピン買いの勘違い――単なる気休めでリスクが増大……117
3．〝株は5月に売れ！〟は本当か？……123
4．背中を押してほしい投資家の心理……129
5．相場に乗り遅れた人の負け惜しみ……135
6．みんなどうしてる？――不思議な心理……140
7．今度だけは違う……145
8．自分の買値にこだわる残念な心理……151
9．株を始めるにはいくらぐらいの金額でやればいいか？……156
10．年末にやってみる投資戦略……162

【第4章】投資信託は知らないことがいっぱい！　167
1．投資信託の分配金に対する大きな誤解　169
2．投信の〝基準価額〟は〝判断基準〟ではない　175
3．〝混ぜるな、危険〟　181
4．見えにくい手数料に注意　187
5．テーマで買ってはいけない投資信託　193
6．「信託財産留保額なし」で喜ぶ不思議　198
【第5章】マーケットや制度にも罠がある　203
1．従業員持株会には注意が必要　205
2．iDeCoにありがちな勘違い　211
3．ミスター・マーケットに気をつけろ　217

4．ストラテジストの予想はなぜ当たらないのか？……222
5．リスクを高めずにリターンを高める方法……227
6．株式こそがリアルマネー……233

［終　章］では、どうすればいいのか？　239

おわりに　257

［第１章］

誰もが思い込んでいる
資産運用
7つの勘違い

第1章は、資産形成・資産運用にまつわる7つの勘違いについてお話しています。これらの7つの話題は私が大学を卒業して会社に就職した40年以上も前からずっと言われてきたことが多く、いずれも〝常識〟とされているものばかりです。今でもこれらの多くは一般的な資産形成・運用の常識として根付いています。

ところが私自身が長年にわたって証券会社で資産運用や資産形成に関わるビジネスをやってきた経験を思い返してみると、これらの〝常識〟はいずれも疑問を感じざるを得ないものばかりです。中には疑問どころか、明らかに間違っていると思われるものもあります。自分が証券会社の営業をやってみて思ったことは、こうした〝常識〟が信じられていることによって金融機関のビジネスはとても好都合でやりやすくなっているということです。

「われわれ金融機関は運用のプロなのですからまかせなさい」、「定期預金ではとてもインフレには対応できませんよ」、「今株を買っておかないと〝持たざるリスク〟がありますよ」等々、どれももっともなように聞こえますが、本質をじっくりと考えてみると、「本当にそうなのだろうか?」という疑問が浮かび上がってきます。

本書では資産運用や投資について陥りがちな心理の罠について解説していきますが、

まずは「運用の技法」以前の問題として、「基本的な考え方」の部分について勘違いを正すところから考えていきたいと思います。

さらに「単なる勘違い」と切り捨ててしまうのではなく、なぜそれが「勘違い」なのか、そしてなぜ、そのような「勘違い」をしてしまうのか、という心のクセについても解説をしていきます。

1. 金融機関はプロだと思う勘違い

〝運用のプロ〟ではなくて、〝販売のプロ〟

投資を始めるにあたって、多くの人は「自分は投資の知識がないので、まずプロに相談した方がいい」と考えます。この考え方は極めて自然です。ゴルフを始めるのも英会話を習うのも、自己流でやるよりは専門家について習った方がいいのは当然です。ところが投資に関しては残念ながら、必ずしもプロに相談するのが正しいとは言い切れないのです。

そもそもここでいうプロって一体誰のことなのでしょうか？　銀行や証券会社の窓口に居る人や外回りで営業をやっている人がプロだと思っている人は多いと思いますが、実はそうではありません。「え！　銀行や証券会社って投資のプロじゃないの?」と驚かれるかもしれませんが、これは事実です。確かに銀行・証券・運用会社といった金融機関の中には〝運用することが仕事〟すなわち〝投資のプロ〟と言われている人はいます。でも彼らの多くは個人顧客の相談など受けることはありません。自社の資産を運用するか、投資信託等の形で預かっている資産の運用をしているだけです。個人顧客の相談を受けたりアドバイスしたりするのは窓口担当者や外回りの営業職員です。

彼らは「販売のプロ」であって、「運用のプロ」ではありませんし「プロのアドバイザー」でもありません。あくまでも自社の商品を顧客に買ってもらうセールスです。例えば保険で言えば、プロが診断した結果、「あなたは保険に入る必要はありません」という結論が出てくる場合もあるでしょうし、株式や投信であれば「あなたはリスク商品はやめて預金のみにした方が賢明です」というアドバイスをくれる場合があってもいいはずですが、彼らに相談してもまずそうなることはないでしょう。

散髪を勧めない床屋はありえない

これは考えてみれば当たり前です。金融機関は自社商品を買ってもらってはじめて商売になるのです。床屋に行って椅子に座り「少し髪が伸びているように思うけど、散髪した方がいいかな？」と聞いて「いや、まだいいでしょう。今日はこのまま帰りなさい」という床屋さんはいないはずです。

別な視点で考えてみましょう。ゴルフ道具を販売している会社で開催される無料のゴルフ教室に行けば、ほぼ100％その会社のゴルフ道具を買うことになります。それが嫌で自分に合った道具をちゃんと選びたければお金を払ってレッスンプロの指導を受け、アドバイスしてもらうのが当然です。

こういうことなら誰でもすぐにわかることなのですが、投資とか金融商品という話になると、どういうわけか運用や投資に詳しいファイナンシャルプランナー（FP）にお金を払って相談するということをせずに、大手金融機関の窓口を訪れて相談することが多くなります。金融機関もそんなことは百も承知ですから、「資産の総合アドバイザー」とか「トータルライフプランナー」といった名称を付けた人員を窓口に配置して相談に訪ねて来られるのを待っています。

権威付け効果に惑わされるな

これは行動経済学で言う「権威付け効果」です。情報の非対称性によって売り手と買い手の間の知識の差があまりにも大きいと考えられる場合は「大企業」「安心」「プロ集団」というイメージ戦略が功を奏しますので、テレビや雑誌のCMでも多くは商品の細かい説明ではなく企業イメージを訴えるものが多いというのは金融機関に共通する特徴です。

例えば「資産のトータルアドバイザー」とか「ライフプランナーとしてのお付き合い」といったキャッチコピーがよく出てきますが、それはあくまでもブランドイメージを作るためのフレーズ。金融機関の多くは社員にFP（ファイナンシャルプランナー）資格を取得させていますが、これはあくまでもマーケティング戦略です。繰り返し言いますが、彼らは販売のプロであっても決して運用やアドバイスのプロではありません。

また一方で、ある程度運用経験のある投資家からはこういう批判もよく耳にします。「金融商品にはそれぞれメリット・デメリットがあるのに、メリットしか説明しない」「資産のトータルなバランスを考えてアドバイスしてほしいのに自分のところで売りたい商品しか勧めない」。これらの批判は間違ってはいませんが、こうした不満を金融機関の販売員に言ってもそれはしょうがありません。

私も長年、金融機関で販売の仕事をしていたのでよくわかりますが、彼らは悪意を持って顧客をだましてやろうとか、売れ残りを押し付けてやろうなどという考えは決して持っていません。良い商品だと信じているもの、そう教えられたものをお客さんに買っていただき、喜んでもらおうと真剣に考えています。

でもそれが必ずしもお客さんにとって適切かどうかはわかりません。なぜなら自社で扱う商品については十分な知識と教育を受けていますが、他社商品や他業態の金融商品についてはあまり知識を持っていないからです。だからいくら親切な販売員でも〝資産のトータルアドバイザー〟とは言えないのです。

親切な洋服屋の店員さん

例えば、みなさんが洋服を買う場合のことを考えてみてください。洋服店の店員さんは店に並んでいる商品の中からあなたに一番似合うだろうと思う商品を勧めてくるはずです。でもそれがあなたの生活パターンや好み、他のワードローブとのバランス等から考えて本当に最も適切なものでしょうか？　そんなことは彼らが知るはずがありません。したがっていくら「これが良いですよ」とか「これがお似合いですよ」と勧められたとしても判断できるのはあくまでも自分しかないはずです。

もしお店に自分が気に入った商品がなければどうしますか？　買わずに店から出てくるだけですよね。洋服だとそれができるのに金融商品だとなかなかそういうことができないのはどうしてでしょう？　洋服であれば長年の経験で自分の好みや質の良し悪し、着る機会が多いか少ないか等の判断が適切にできるので買うべきか買わざるべきかの判断が自分でできます。

ところが金融商品だといとも簡単に販売員の勧める商品をそのまま買ってしまうといったことが起こります。さらにまったくの初心者であれば聞いてもよくわからないでしょうから、おまかせになりがちです。そんな状態でいきなり金融機関の窓口へ相談に行くのはやめた方が賢明です。

投資というものはやはり自分で勉強し、理解した上で行うのが大原則です。もちろん各商品に関する詳しい情報はそれぞれの金融機関が一番詳しいはずですから、情報を集めるために利用するのは一向に構わないと思いますが、最終的な判断は自分で行うべきです。

洋服の場合に、もし知識がなくて選ぶのに自信がなければ専門家であるスタイリストにきちんとお金を払って適切なアドバイスをしてもらうこともあります。投資するにあたって、自分の知識が不足していたり、金融機関の説明がよく理解できなかったりすれば、資産運用分野を専門とするFPにきちんと相談料を払ってアドバイスしてもらえばいいと思います。

金融機関の言われるままに投資して、良い結果が出なければ不満を言う、ということではいつまでたっても投資で成功することはできないでしょう。金融機関が悪いというだけではなくて金融機関の使い方も悪いのだと知っておくべきです。

面倒かもしれませんが、大切なお金のことですから手を抜くのは禁物です。

自分で勉強して多少はわかるようになるまで投資はやらないか、あるいは多少の失敗をしても差し支えないくらいの少ない金額で始めるべきでしょう。投資によって出る利益も損失もすべてあなたのものであって、誰も責任をとってくれるわけではないのですから。

2. サラリーマンはお金持ちになれないという勘違い

「入」と「出」が把握しやすいサラリーマン

日本で雇用者、いわゆるサラリーマンと言われている人は約5500万人います。これは働いている人口の7割以上を占めています。そのサラリーマンの多くの人は、「われわれはしょせんサラリーマンで、決まった給料しかもらえないのだからお金持ちになれるわけがない」と思っています。

でも実はこの考え方は大きな勘違いなのです。よく考えてみてください。資産作りの大原則は「入ってくる以上に使わない」ということです。そのためには、まず何よりも「入」と「出」がどれぐらいあるか？　ということが正確に把握できなければなりません。

世の中で、俗に〝お金持ち〟とか〝資産家〟と言われている人たちといえば、医師、オーナー、タレント、というイメージですが、彼らに共通して言えることは、収入が必ずしも一定ではないことです。オーナーなら事業が当たれば、大きな儲けが出ますし、タレントなら有名になれば、出演料やCMで大きな収入が入ってきますが、下手をすれば一銭も入ってこないことだってありえます。お医者さんだって最近は競争が激化し、かつてのように安定的に高収入が見込める職業ではなくなりつつあります。

つまり「入」は読めないのです。一方、「出」は、特別に贅沢な生活をしていなければ、ある程度読めるはずですが、タレントなどは仕事柄生活が派手になりがちだし、商売や事業をしていると設備投資や商品の仕入などの機会があれば、資金を出さざるを得ません。つまり不安定な収入と意図せざる支出に悩まされ続けることになります。

ところが、サラリーマンの場合はこれらの人たちに比べれば、収入はずっと安定していますし、支出にしても大きな病気にでもならない限り、あまり意図せざる出費というのはありません。すなわち「入」と「出」がきちんと読めるのがサラリーマンなのです。やり方さえ間違わなければ、サラリーマンの方がずっと計画的に資産形成ができ、お金がたまるはずです。にもかかわらず、多くのサラリーマンはなかなか資産形成ができません。これは一体どうしてなのでしょうか？

2つの心理的な罠――「現在バイアス」と「双曲割引」

これには2つの心理的な罠があるのです。1つは「現在バイアス」と言って、いやなことや面倒なことを先延ばしにしたいという心理によるものです。例えば皆さんは小学校の時に夏休みの宿題をいつやりましたか？　学校の先生からは「計画的にやりなさい」、そして親からは「宿題は早いうちにやっておきなさい」と言われていたと思いますが、夏休みが終わるぎりぎりになってあわてて取り組んだという人も少なくないのではありませんか。宿題という嫌なものは早くやるに越したことはないとわかっていても、つい目先の利益、つまり遊びに行く方を優先させてしまう傾向、これが現在バイアスです。

そしてもう1つの罠が「双曲割引」と言われている心理です。「双曲割引」というのは、現在バイアスとは違って、別に嫌なことを先延ばししようという気持ちがなくても、遠い将来に得られる利益の価値を大きく割り引いてしまう、つまり価値を低く見積もってしまうことを言います。これによって人は普通、老後のための資金を貯めるよりも遊びや買い物に使ってしまいがちになってしまうのです。こちらも結果としては「現在バイアス」同様、目先の利益を優先してしまいがちになります。

サラリーマンの場合を考えてみると収入はほぼ一定なので問題ありませんが、支出の方がこの現在バイアスや双曲割引によって大きく乱れがちです。資産形成のために計画的に貯蓄や投資をすべきなのですが、どうしても目先の旅行や食事などの楽しいイベントにお金を使ってしまいます。さらに買い物についても衝動買いをしてしまったりして、本来は計画的に支出していくべきなのですが、それはなかなかできません。

給与天引きは最強の資産形成術

では一体どうすればいいのでしょうか？　サラリーマンならではの対策が2つあります。1つは給与天引きをフルに活用すること、そしてもう1つは会社の制度を大いに利用することです。

まず給与天引きですが、これには不思議な効果があります。それは行動経済学で「メンタルアカウンティング＝心の会計」といって同じようにお金を動かしても心の中で勝手に仕訳けされる不思議な心理です。つまり天引きで引かれてしまったものは最初から「無かったもの」と認識されるのです。したがって一定額を強制的に積立て、残ったお金で生活するようにすれば残りのお金はどんなに無駄遣いしても問題ありません。

いくら意志が強くても給料を計画的に使ってきちんとお金を余らせるというのはそれほど容易なことではありません。目先の楽しみのためにお金を使いたいという「双曲割引」の罠が待ち構えているからです。特に預金のようなものであればまだしも、価格変動のある投資商品の場合は、これに加えて「価格の上がり下がり」という心理に大きな影響を与える要因がありますので、給与天引きで自動的に購入していく仕組み、いわゆるドル＝コスト平均法を利用することは一定の効果があると言えるでしょう。

次に会社の制度を利用することのメリットです。お金を貯める大原則は「入りを図って、出るを制す」ということですが、さらに一歩踏み込んで考えると、「お金を入れる時は簡単に、出す時は難しく」ということが大切です。給与天引きという仕組み自体は、この「お金を入れる時は簡単に」というルールにピッタリなのは言うまでもありませんが、そもそも給与天引きで積み立てる商品というのは社内制度であることが多いため、これが「出す時は難しく」というのに非常に好都合なのです。

なぜなら、こうした社内制度は銀行のATMで簡単に引き出すようなわけにはいかず、社内的に書類を出したり、場合によっては上司の印鑑をもらったりしなければならないこともあるからです。この面倒さや、上司にハンコをもらいに行った時によけいなひと言を言われるくらいなら使うのは我慢しようと考えたり、別のお金を使おうという気持ちになったりしがちです。こうして社内制度で蓄えたお金は残っていくことになるのです。

こうした心理的な要因に加えて、社内制度の場合は一般の金融商品に比べてかなりお得な面があることも資産形成に有利な〝黄金のルール〟となる理由です。例えば財形貯蓄や従業員持株会であれば多くの企業で奨励金が付与されている場合があります。また各種保険についてもその多くは一般に市販されている保険会社で加入するものよりも保険料が非常に安く設定されており、有利な条件で利用することができます。

さらに企業の中で確定拠出年金が導入されていれば、投資信託の手数料とも言える運用管理費用は普通の銀行や証券会社の窓口で買うよりもかなり安くなっており、中には同じジャンルのものでも三分の一程度の手数料率になっているものもあります。

これらの多くは企業という大きなまとまりの中で一定数以上の購入者が確保できるために、商品を提供する金融機関に対してバーゲニングパワーが働くというのが手数料や保険料が安い大きな要因でしょう。また一面では社員の福利厚生という意味合いもあって、会社が前述の「奨励金」という補助金を出しているということも見逃せません。

私も長年サラリーマンをやってきましたが、振り返ってみると結局、給与天引きされた分しかお金は残っていないというのが実感です。どうやらその理由はこういう心理的な要因に負うところが大きいのではないかと思います。したがって、資産形成のためには、社内制度の多くはできる限り積極的に使った方が良いと思います。

「現在バイアス」や「双曲割引」の罠から逃れ、「メンタルアカウンティング」を上手に活用できるような仕組みをあらかじめ作っておくことで〝サラリーマンだからこそお金持ちになれる〟ことが可能になると思います。

3. 定期預金ではインフレに対応できないという勘違い

昔からのセールストーク

金融機関のセミナーへ行くとこんなせりふをよく聞きます。「みなさん、定期預金では将来インフレが来た時に目減りしてしまって大変なことになりますよ。だから株や投資信託に投資しておかないといけません」。

この言葉はかなり昔から言われてきました。私が証券会社に入社したのが１９７４年ですが、その時から現在に至るまでほとんどの証券会社、最近では銀行も加わって「インフレには預金では対応できない」の大合唱です。

面白いことにデフレの時代ですら、ずっとこのセールストークが囁き続けられ、株式や投資信託の購入を勧誘する慣用句として用いられたのです。さらに最近はアベノミクスによるデフレ脱却の推進で「これからはインフレだ」という空気が少しずつ出始めたため、よけいにこういうセリフが現実感を持って迫ってきます。

【図1】銀行定期預金と消費者物価指数の推移

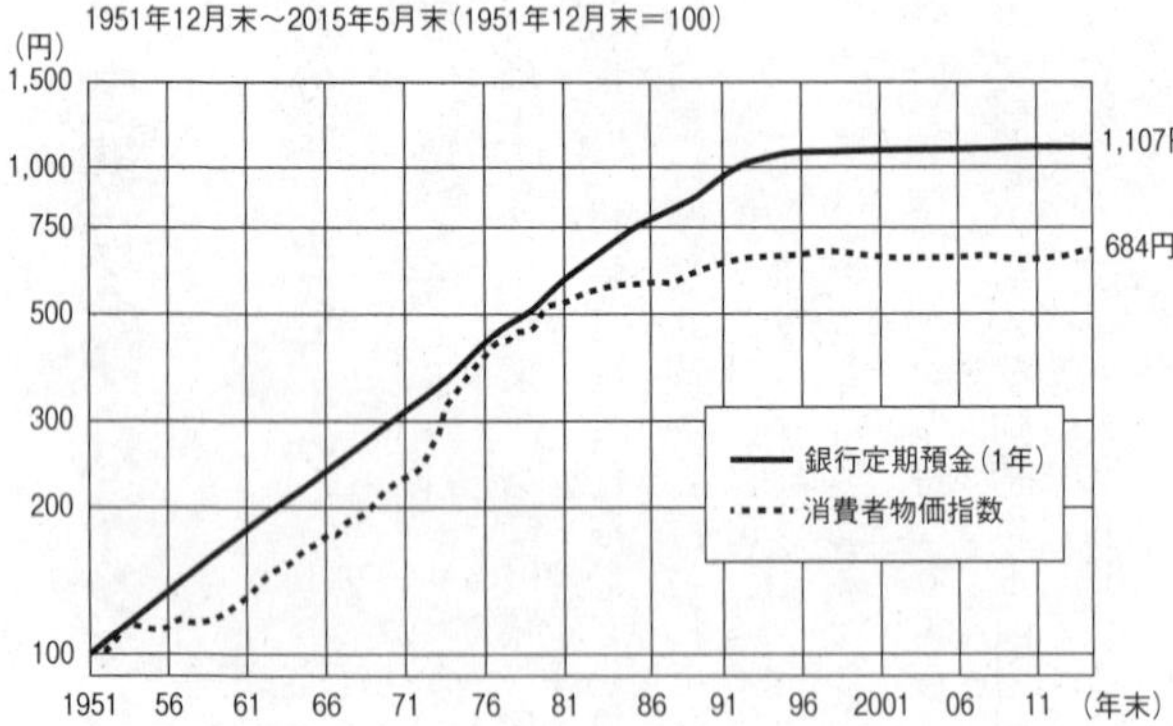

（注）：1951年末に元本100円を投資し、以後利息を再投資した場合の資産価値。税金と取引費用は考慮していない。

でも本当に定期預金ではインフレに対応できないのでしょうか？　私は素朴な疑問を持って調べてみました。

イボットソン・アソシエイツ・ジャパンが調べた1951年末から2015年5月末までの約63年間の消費者物価上昇率と1年定期金利の推移があります（図1）。それによれば1951年の消費者物価指数を100とすれば2015年5月末では684、約6・8倍になっていますが、同じ期間で定期預金を見てみると当時に100円預けたものを利息再投資すれば1107円になっていますので、何と物価上昇を1・6倍も上回っています。つまりまったく目減りなどしていないのです。

ではなぜ「定期預金はインフレに弱い」と言われ、また実際にそう感じるのでしょうか？

錯覚を起こす3つの心理

心理的にそう感じさせる理由には3つの要因があります。まず1つ目は「代表性ヒューリスティック」です。ヒューリスティックというのは、何かを判断するにあたって、論理的に考えて答えを出すのではなく、自分の経験や直感で素早く答えを出すことをいいます。代表性ヒューリスティックは、その1つで、身近なものやわかりやすい例がすべてに当てはまると勘違いすることです。

例えばこんな問題があります。「Aさんは、内気で引っ込み思案で、他人のことや世情に関心が薄い人です。一方で彼は物事の秩序や構造といったものを大事にし、物事の細部に非常なこだわりを持っています。さて彼の職業は、①セールスマン②図書館の司書、のどちらである確率が高いでしょうか？」

こういう質問に対して多くの人は、②図書館の司書ではないかと考えます。Aさんの性格からすると、その方が何となくAさんっぽいからです。でも確率から言えば答えは①のセールスマンです。なぜなら世の中のあらゆるセールスマンの数と図書館の司書の数を比べたら、圧倒的にセールスマンの方が多いからです。ところが多くの場合、イメージで判断してしまうために冷静な確率計算ができなくなってしまい、②の司書という答えが出てくることが多いのです。

金融機関の作った資料を見ると、40年前の卵の値段とか理髪店の値段などの例を挙げていかに物価が上がったかを強調しているようです。それだけ見れば確かに物価は大きく上昇しているように思えます。だからと言って必ずしも物価全体が上がっているとは言い切れません。逆に電化製品や航空運賃などは比較にならないくらい下がっています。

私が初めてビデオデッキを買った1979年当時、価格は27万円ぐらいしていましたが、今ではDVDプレーヤーの安いものは1万円しません。値段が上がった事例だけを並べた資料は代表性ヒューリスティックを利用したものですから、あまりフェアなものとは言えないでしょう。

次にそうしたインフレに対する印象を強くする心理として「ピークエンドの法則」というのもあります。これは過去の経験で何らかの数字が極端に大きく、ピークだった時の印象が強く残るというものです。

一定の年齢以上の人にとっては1973年のオイルショック時の印象は強烈だったと思います。何しろ1年で物価は2割以上上がりましたし、スーパーの店頭ではトイレットペーパーを買い占める人が現れ、品切れ続出というニュースが話題になりました。こういう印象というのはいつまでも強く残っていて、「インフレになったら大変だ!」という気持ちが増幅されているのです。

私自身もこの時の印象は鮮烈に残っていてその後の長い期間にわたってインフレに対する恐れの気持ちが強かったことを覚えています。しかしこの時の物価上昇も一過性のもので翌年には大きく物価は下落しています。

さらに「貨幣錯覚」という現象があります。これは人々の感覚が表面的な数字に影響を受けるということで、具体的に言えば、実質値ではなくて名目値に左右されてしまうという心理です。預金金利で言えば、この数年定期預金金利は0・05とか0・03と非常に低金利でしたが、デフレの影響で物価上昇がマイナスでしたから名目金利は

0・05%でも実質金利は1%を超えていました。

逆に先ほどのオイルショック時などは名目金利が1年定期で7・75%という今では考えられないような高金利だったのですが、当時の消費者物価上昇率は23%と、はるかにそれを上回っていたため、当時の実質金利は大きなマイナスだったのです。実質金利で言えば、オイルショック時の1年定期預金金利7・75%よりも今の金利の方が高いというわけです。名目値だけで判断すれば間違うという好例です。

インフレに弱いのは定期預金ではなくて現金

極めて低い預金金利の名目値とインフレによる物価上昇という現象だけをくっつけて「定期預金はインフレに弱い」と断じるのは必ずしも正しくはありません。実際に経済の原則を考えてみればすぐわかることです。

物価が上がる原因には色々ありますが、そのうちの大きな理由の1つに需要が増えるということがあります。需要が増えるのであれば製品を作ったら売れるわけですから当然企業は設備投資をして増産しようとします。

そこで企業はそのための資金を銀行などから調達する必要が出てきます。当然、銀行もこうした企業の資金ニーズに応えるべく預金を通じて資金調達する必要がありますから、高い預金金利を提示して資金を集めることになります。結局、多少のタイムラグはあったとしても物価の上昇が起きれば預金金利が上がるのは当然です。したがって預金が物価上昇、インフレにまったく対応できないということではありません。インフレに対応できないのは預金ではなくて現金です。

もちろん資産運用は定期預金にさえ預けておけば安心だなどというつもりはありません。長期的な経済の成長を自分の資産に取り込んでいくためには株式や投資信託などの金融資産も一定割合は持つべきだと思います。それに今までの高度成長時代には資金需要が旺盛でしたから物価上昇↓製品需要拡大↓設備投資増強↓金利上昇という方程式が成り立ったものの、今後は低成長の中で物価上昇だけ生じた場合には一時的に金利が追い付けなくなる可能性もないとは言えません。

ただ、「インフレが来る！　危ない！」という文句に乗せられて脅迫観念で慌てて投資を始めるべきではありません。インフレによる目減りのリスクよりも投資に失敗してお金を失うリスクの方がはるかに大きいと思います。

投資を始めるにあたっては自分が受け入れられるリスクの度合いを考え、無理のないようにすることが大切です。自分で考えてみて投資することに対して自信がなかったり、あるいはよくわからなかったりすれば預金で置いておき、自分なりに勉強して納得できる段階になったら投資すればいいのです。決してあせる必要はありません。

4. 〝持たざるリスク〟という勘違い

「持たざるリスク」ってどういうこと?

株式投資というのは価格変動が常につきまとうものですから、株を持つことはリスクを負うことになるというのは誰でも知っている常識です。

ところが株式市場が上がり始めてくると「持たざるリスク」ということがよく言われます。これは株が上がったのに持っていなければ、儲けそこなってしまう、ということを意味する言葉です。評論家の人たちは、よくこういうことを言いますし、証券会社の営業マンも「株を買っておかないと、ここからは〝持たざるリスク〟が出てきますよ」などと言ってさかんに株式や投信を勧めてきます。

さらには新聞の論調にもマーケットが上昇してくるに連れて、そういうトーンの記事が増えてくることも多いようです。そう言われると「そうかな」と思ってあせってしまい、「とりあえず何か買っておこう、何か良いものはないか？」といって証券会社に相談し、あわてて株を買う人もよくいます。

でも実はこの「持たざるリスク」というのは個人投資家にはほとんど考える必要はありません。「持たざるリスク」があるのは、他人のお金を預かって運用する仕事をしている人、例えば投資信託を運用するファンドマネージャーや年金基金を運用する人たちなどです。

なぜなら彼らは常に比較されるからです。ベンチマークである市場の指数に比べて劣っていたり、同業他社に比べて運用成績が負けていると解約されたり、運用委託先を変更されたりしてしまいます。したがって彼らにとってはリスクをとって大きく勝負することも大切ですが、少なくとも　絶対に他には負けない運用をすることが必要なのです。

ところが、上昇相場の時に、現金のままで様子を見ていたのでは、指数や他社の運用に負けてしまいます。だから「持たざるリスク」は存在するのです。

個人の場合は他の人との相対比較ではなく、自分が儲かるか損するかという絶対比較です。他の人がいくら儲かろうが損しようが関係ありません。人の運用成績に影響を受ける必要は何もないのです。したがって、もし上昇相場に乗り遅れたと思ったら、様子を見て買わなければいいだけの話です。むしろ乗り遅れまいとあせって買うと、往々にして高値づかみをすることになるかもしれません。個人投資家にとっては「持たざるリスク」を考える必要はなく、もう買えないと思ったら、「休むも相場」という格言にしたがってじっとしていればいいのです。

ところが、多くの場合、相場が上昇し始めると多くの人は乗り遅れまいとあせって買いに出ることになります。なぜそうなるのでしょう？

赤信号と駆け込み乗車

普通の個人投資家が「持たざるリスク」を感じる心理は、〝みんなが買うから自分も買わなければ！〟というあせりの気持ちにあるのだと思います。心理学で「ハーディング現象」と言われるもので、行列のできているお店を見るとつい並んでしまいたくなる気持ちと似ています。昔流行った、〝赤信号、みんなで渡れば怖くない〟というジョークがこの気持ちをよく表しています。例え危険なことでもみんなと同じ行動をやっていれば安心だと考えてしまう心理です。

でも株式投資においては、みんなと同じ行動をとっていたのではダメで、逆の行動をとらなければ儲けることはできません。とは言え、みんなと逆のことをやるのは非常に難しいことで、強い意志を持っていなければ実行するのは困難です。であれば、むしろ何もしないで様子を見ているだけでもいいのではないかと思います。

相場というものはいつまでも永遠に上がり続けることはなく、また永遠に下がり続けることもありません。上がったものはどこかの時点で必ず下がりますし、逆も同様です。したがって次の相場を待てばいいのです。

よく駅のホームで、「発車間際の駆け込み乗車は大変危険ですからおやめください。どうぞ次の列車をお待ちください」というアナウンスを聞きます。私はこのアナウンスを聞くたびにまさに個人投資家が相場に乗り遅れまいとあせって買う危険を冒している様子が、駆け込み乗車をしている乗客と同じだと感じてしまいます。電車の場合はうまく乗り込むことができれば問題はありませんが、株式相場の場合は乗ってしまったとたんに暴落に遭うということは決して珍しくありません。私も長い間の証券マンとしての経験の中でそういうケースをたくさん見てきました。

たまたま上昇相場に乗り遅れてもどこかで必ず下がるのですから、次に大きく下がった時（＝次の電車）を待てばいいのです。「持たざるリスクを避けましょう」と言って株や投信を勧めてくる営業マンがいたら、個人投資家の本質をわかっていないか、あるいはわかっていても自分の商売優先で勧めているかのどちらかでしょうから、あまり相手にしない方が賢明と言えるでしょう。

自分のスタイルを守ればいい

世の中には株式や投資信託などに投資したことがないという人はたくさんいます。そういう人たちは〝持たざるリスクを負っている〟のでしょうか？　そんなことは決してありません。投資なんかしなくても普通に生活している人はたくさんいるのです。いやむしろそういう人の方が多いでしょう。

繰り返しになりますが、持たざるリスクというのはあくまでも他人のお金を預かって運用をしている人たちの間での相対比較において言えることです。個人投資家はそれぞれ自分の運用スタイルがあるのですから、無理して投資し続けなければならない理由はまったくありません。

どんな状況でも常に株式を売買し続けなければならないプロの運用者と違って、個人投資家は自分の資産を全額投資する、フルインベストメントの状態に置いておく必要はありません。むしろ現金を常に一定の比率で持っておき、株価が大きく下がった時に買えるようにしておいた方がリスクも少ないし、結果として得られる利益は大きくなるはずです。論理的に考えても自分の資産を長い期間リスクにさらしておくことは避けた方が賢明という場合もあります。あくまでも個人流の投資手法に徹することを考えた方がいいでしょう。

5. 長期投資＝低リスクの勘違い

リスクは不確実性？　それとも損すること？

「リスクというのは損をするということではないのですよ。投資した結果がブレることを言います。間違えてはダメですよ」。投資を始めたばかりの初心者の人はセミナーなどで講師からよくこういう話を聞かされます。これはその通りなのですが、初心者の人にはどことなくしっくりきません。なぜなら世間一般的には「リスク＝危ない＝損すること」という解釈の方が自然だからです。

たしかに資産運用の理論においては「リスク」は不確実性、つまり投資した結果がブレることであると定義されており、さらにそれは「標準偏差」という形で数値化できるものです。

でも世の中の多くの人にとっては「リスク＝損」と考えた方がしっくりきます。事実、資産運用理論の世界以外ではほとんどの場合、リスクというのは危険性という意味で使われているからです。実はリスクという言葉の意味をどう理解するかによって投資の考え方やスタンスもまるで違ってきます。

もし仮に「リスク=収益のブレ」と定義した場合、「長期投資がリスクを低減する」というのはある程度正しいと言えます。この場合のリスクの低減というのは何を指しているのかというと、「単位期間あたりの標準偏差は計測期間を長く取ることで、平均値に近づく」ということです。

少し難しいのでわかりやすい例でお話しします。例えば気温を考えてみましょう。夏の時期は猛暑の年もあれば冷夏の時もあります。冬も厳冬の年もあれば暖冬の年もあるといった具合に、気温変化の上下は予測できませんし、年によって気温の高低差が大きい年も小さい年もあります。ところがこれを10年とか50年とかで考えてみると、1年間の変動幅はだんだん平均値に近づいてきます。「長期投資がリスクを低減する」というのは、こういうごく当たり前のことを言っているのに過ぎないのです。

では次に「リスク=損する」と定義した場合は、「長期投資がリスクを低減する」というのは明らかに間違いです。長期投資ではむしろ損をする可能性は高まります。これは論理的に考えると明らかです。

なぜなら投資をする期間が長くなればなるほど、リーマンショックやバブル崩壊などのような大きな下落に遭遇する可能性は高くなりますし、市場全体は平穏だったとしても自分が個別に投資している先が破綻する可能性だってありますから、想定外のことが起きる確率は上がると考えるのが自然です。「1年先のことは不透明だけど、50年後のことは確実だ！」などということはあり得ません。長期になればなるほど、不確実性は高まり、損失の可能性も大きくなるのは当然です。つまり株式のように価格変動のあるものを長期間にわたって保有するというのはそれだけお金を長期にわたってリスクにさらしていることになるからです。

もちろん長期に保有していれば大きく下落する局面に遭遇する可能性も高い代わりに大きく上昇して大儲けできる可能性も高まります。ということは長い期間であればあるほどブレ幅は大きくなるということになり、「リスク=ブレ幅」という定義でみても長期投資はリスクを大きくすることになります。ただ、前述のように上と下のブレ幅は大きくても長い期間を取ることで平均値は収斂していくという意味においては正しいと言えます。

低温やけどに注意

やっかいなことに投資教育セミナーなどの講師は常に前述のように「リスクと言うのは損をすることではない。ブレ幅のことだ」と言い、さらには「長期投資をすればリスクは小さくなる」と強調します。

リスクの意味を正しく理解し、使い分けることができる人であればいいのですが、多くの人は「リスクが小さくなる＝損をする可能性が少なくなる」と理解していますから、「長期投資をすれば損する可能性は少なくなるのだ！」という勘違いが生まれてくるのです。人間は難しいことを理解する場合、自分なりに制御したり、自分がわかりやすい概念に置き換えたりすることがあります。「リスク＝結果の不確実性」という概念は容易には理解しづらいためにこういう理解の置き換えが行われているということなのでしょう。

また、別な面から考えてみますと、市場の期待リターンがプラスの場合とマイナスの場合では結果が大きく違ってきます。大恐慌後のニューヨーク市場や俗に「失われた20年」と言われるバブル崩壊後の東京市場などは長期に低迷を続けました。

つまり期待リターンがマイナスのマーケットだと、長期で持てば持つほど損失は大きくなります。あたかもコタツで寝入ってしまった後の低温ヤケドみたいなもので、気づいた時にはダメージが大きくなっているということになりかねません。結果として長期投資によって損失の金額自体は大きくなるということになります。

「株は長く持ってさえいれば儲かる」というのは、90年代までの日本経済や日本の株式市場がプラスの期待リターンだったところから生じている先入観に過ぎません。これは明らかに経験則に基づいて安易に判断してしまう「ヒューリスティック」の影響だろうと思います。そしてやっかいなことに人間はこのヒューリスティックからなかなか抜け出すことができません。バブル崩壊後20年が経過してようやく「長期投資は本当に儲かるのか？」という疑問が出てきたことからもそれは明らかです。

分散投資と組み合わせてこそ効果がある

それでも私は長期投資が悪いとは思いません。リスクをコントロールするための手法として、一定の効果があることは間違いないと思います。それに期待リターンがプラスの市場では、長期に保有することによって分配金や配当金を再投資することで、複利効果によってリターンを高めることもできます。しかし、先ほどの低温やけどのように期待リターンがマイナスの市場へ長期にわたって投資をし続けると損失は拡大していきますし、大きな暴落の局面に遭う可能性が高くなることもまた事実です。

ただ、市場というものはこうした大暴落が起こってもその後はそれを乗り越えて成長していることも多いですし、仮に1つの市場の不振が続いたとしても他の市場が必ずしも同様の動きになるとは限りません。現に1990年以降の日本株の長期低迷を尻目に、米国株式市場はこの20年以上は右肩上がりのトレンドを続けてきました。

また、期待リターンがプラスの市場で運用すべきだと言いましたが、期待リターンというのはあくまでも過去の実績をもとにしていますから、これからのリターンは誰にもわかりません。したがって重要なことは異なる市場へ分散投資をすることだろうと思います。長期投資によるリスク低減も分散投資を組み合わせることによって初めて効果が生きてきます。

もちろん、リーマンショックの時のように世界中の株式市場が全部同じように下がってしまうこともあります。ただ、その後の動きを見ると、市場ごとにかなり回復のスピードや上昇幅が異なっていることも確かであり、分散投資には一定の効果があるということは言えそうです。

いずれにしても「長期投資」に対する盲信は危険です。「リスク」ということの意味をしっかり理解し、長期投資の有効性についても正しく知った上で活用することが大切ではないでしょうか。

次は、これも勘違いしがちなリスクとリターンの関係についてお話していきたいと思います。

6. リスク・リターンの勘違い

リスクの高いものはリターンも高い？

よく、「ハイリスク・ハイリターン」という言葉が使われますが、色々な人と話をしているとどうもこの言葉についても間違った理解をしている人が多いようです。ひどい場合は、金融機関の人の説明でも間違っていることがあります。

多くの人が間違うのは、この言葉の意味を「リスクの高いものはリターンも高い」と理解していることです。私が聞きに行った銀行や証券会社主催のセミナーでもこういう説明がされていました。ところがこれは明らかな間違いです。

これはよく考えてみると当たり前だということがわかります。ここでいうリスクというのは前項でお話したように「損をする」という意味ではなく、運用の結果のブレ幅のことです。したがってこの場合は「リスクが高い」というのはブレ幅が大きい、すなわち結果の不確実性が高いという意味なのです。だとするなら、「リスクの高いものはリターンも高い」と言ってしまうと「リスクの高い商品が確実に高いリターンを生み出す」ということになりますから、その商品はリスクが高くない（＝ブレがない）ということになってしまいます。これは明らかに論理矛盾です。

ところが多くの人は間違った説明を受けた結果、勘違いをしてしまっています。特に市場の環境が良い時などは「リスクの高いものはリターンも高いのです。だからもっと儲けたいのならもっと積極的にリスクを取りましょう！」と営業マンから勧められることも珍しくありません。それに乗ってしまってひどい目に遭ってしまった人もいるでしょう。でもこれはリスク・リターンの概念を正しく理解していなかったからそういうことになるのです。

では「ハイリスク・ハイリターン」の正しい意味はどうかと言えば、「高いリターンを求めると必ずリスクは高くなる」ということなのです。これなら論理的に正しいということがわかります。簡単に言えば、リスクが高いということは大きく儲かる可能性もあるのと同じぐらい大きく損することもありますよ、ということですから、大きく儲けようと思うと大きな損も覚悟しなければならないという極めて自然な結論になります。

勘違いさせる図

ではなぜそんな風に間違った理解になってしまうのでしょう。ここに1つの図があります。（図2）この図は縦軸がリターン、横軸がリスクを表しています。この図の斜めの線は「資本市場線（ＣＭＬ）」といって、投資理論の中ではよく知られたものです。

ただし、この図は単にリスクとリターンが正の相関関係にあるということを表しているだけであって、高いリスクを取れば必ずリターンが高くなるということを意味し

【図2】

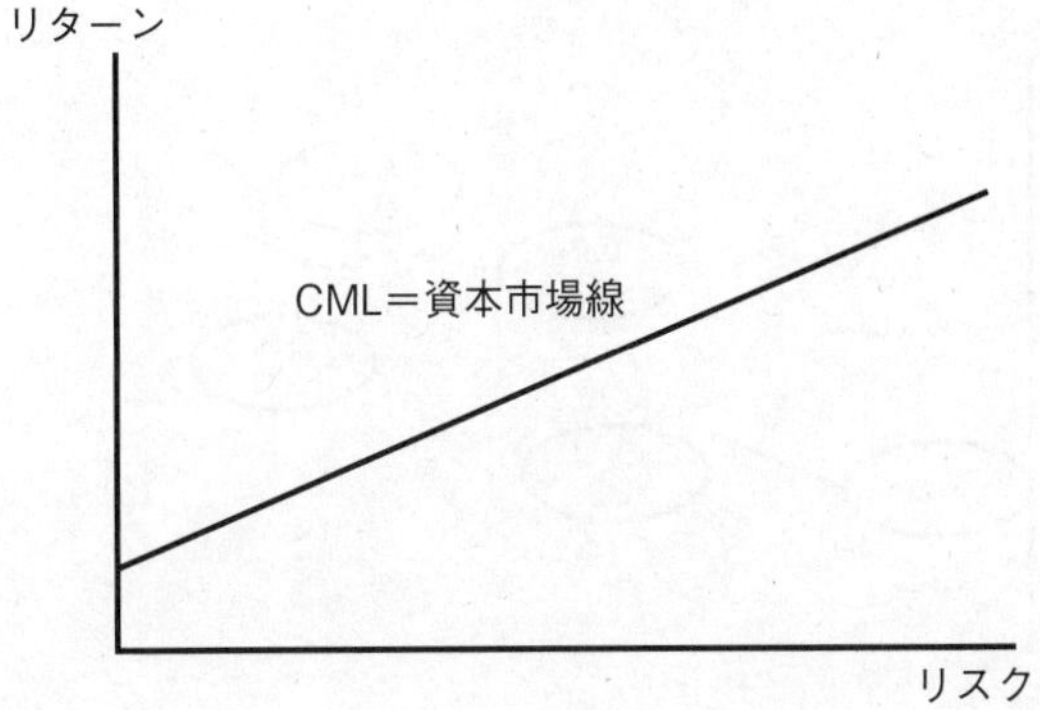

ているわけではありません。にもかかわらず、リスク・リターンの概念を説明する時にはこの図をベースにして右上に行けば行くほどハイリスク・ハイリターンという説明がなされることが多いのです。

さらに念の入ったことにこの斜め線の周りに投資信託の商品がプロットされている図が金融機関からの説明の時によく使われます（図3）。この商品はリスク・リターンで見るとどのあたりにあるかという図です。

これは明らかに行動経済学でいう認知バイアスです。目の錯覚というのがあるようにこの場合は「心の錯覚」なのです。確かにこの図を単純に見ると、右肩上がりになっていますから右へ行けば行くほど、すなわちリスク

【図3】

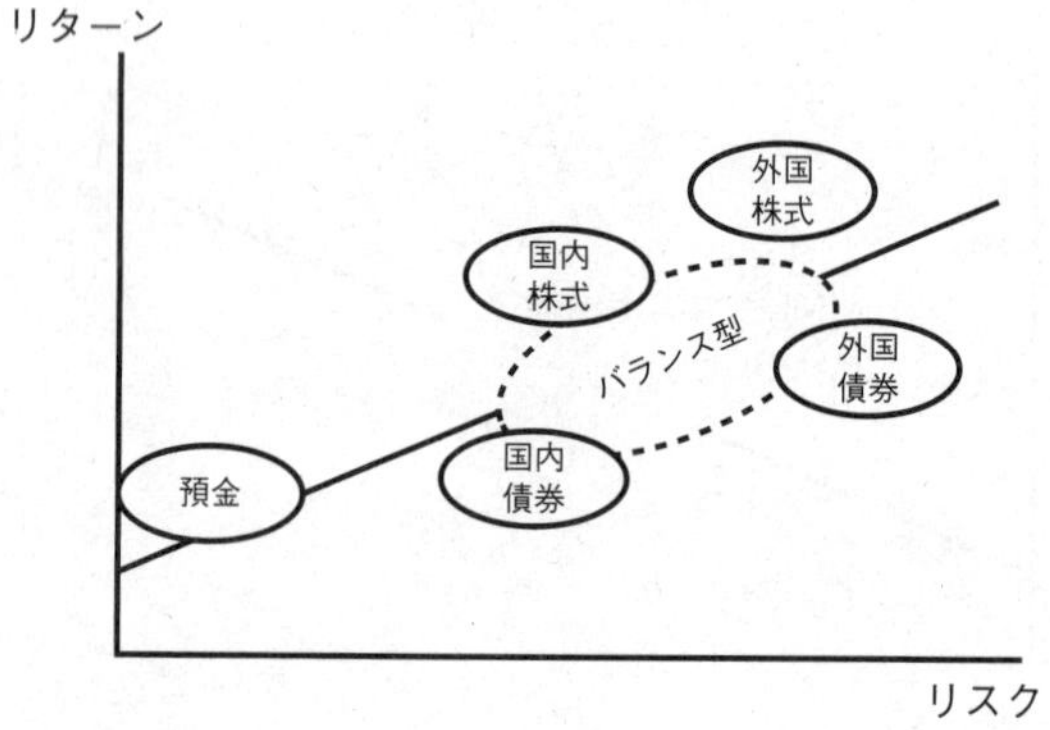

をたくさん取れば儲けは大きくなる、と勘違いしてしまうのも無理はありません。人は複雑なことや難しいことからは逃れたいという性質を持っているために、こういうシンプルな説明に納得してしまうのです。ひと頃流行った言葉で言うと、この図は〝違法とは言えないが不適切〟なのです。

また始末が悪いことに一般的に言えばハイリスク・ハイリターンの商品ほど信託報酬（手数料）が高いという傾向もあります。販売する側からすれば手数料の高い商品を勧めたくなるのは当然ですから、「余裕のある資金なら収益が見込めるようにリスクを取りましょう」となります。

さらにフレーミング効果もあるでしょう。

言葉の言い回しで勘違いしてしまうことです。「ハイリスク・ハイリターン」という言葉からは言葉の順序からみても自然と「高いリスクのものは高いリターン」という具合に解釈しやすくなってしまうからです。もちろん「ローリスク・ハイリターン」というのはありえないということは誰でもわかりますし、そんなことを言って勧めてくれば詐欺的な商品だと疑いは持ちます。

でも逆の「ハイリスク・ローリターン」は十分ありえます。リスクが高くても手数料が高いために結果として構造的に低いリターンにしかならないものも多いからです(笑)。つまり必ずしもハイリスクのものはハイリターンにはならないということはしっかりと知っておくべきでしょう。

正確に理解するとこうなる

リスク・リターンのイメージをできるだけ正確に表現しようとすると図4のようになります。これは縦軸が実際の損益を表しており、横軸が期待するリターンです。つまり高いリターンを望めば望むほど儲かるか損するかのブレ幅は大きくなりますよ、ということをイメージで表しているのです。

【図4】

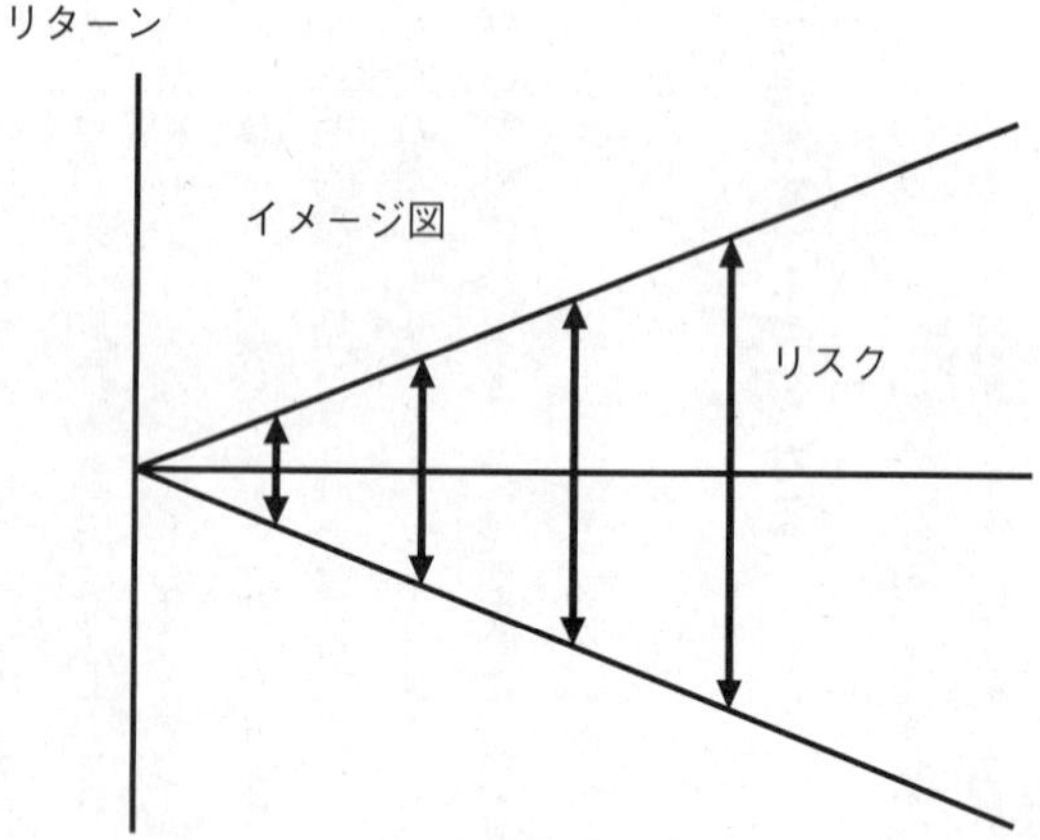

こう考えると、自分が負えるリスクに応じてどの程度のリターンを期待すべきかが少しは理解できるはずです。何しろ世の中にうまい話は決してないのですから。

では、逆に「ローリスク・ローリターン」はどう表現すればいいのでしょう？　これも「リターンの低いものはリスクも低い」と理解されている場合が多いのですが、正しくは「低いリスクのものは低いリターンしかもたらさない」というのが本来の意味です。リスクが低いということはブレが少ないということですからおのずとリターンは低いのが当然だと言えます。

図や言葉というものはそれが持つイメージで瞬間に判断してしまいがちです。日常の生活においてはそれで一向にかまわないのですが、少なくとも投資に関しては「本当にそうだろうか？」「それって本当に正しい意味なのだろうか？」ということをじっくり考え、認知バイアスにひっかからないようにすることが必要ですね。

7. 投資の利益は不労所得という勘違い

働くということのイメージ

投資に対する偏見というのは今も根強く存在しているのですが、中でも最も大きな偏見と思われるのは「投資して儲けた利益は不労所得だ」という見方です。どうもこの考え方にはある種の思い込みがあるような気がしてなりません。

報酬＝労働の対価、というのはその通りです。では〝労働〟というのはどういうことを指すのでしょうか？　工場で生産に従事する、営業活動をする、事務処理を行う、こうしたサラリーマンとしての働き方に加え、商店で物を販売したり、職人さんが物を作ったりするのも労働であることは言うまでもありません。ところが、投資で利益を挙げることが不労所得だという人は、こういう〝額に汗して働くこと〟というイメージのみが労働であって、株の売買で儲けるのは決して労働ではない、と主張します。単にお金をころがしているだけで何も労働をしていないと言うのです。これは実に偏った見方です。

だったら、会社の経営者、社長はどうでしょう？　社長の最も重要な仕事は何かと言えばそれは「判断をすること」です。会社が持っている、ヒト、モノ、カネの経営資源を一体どこに投下すれば最大の利益を挙げることができるかということを判断するのが仕事です。経営者は工場で働くわけでも店に出て販売するわけでもありません。だからと言って、経営者は労働していないと言えるのでしょうか？

日産自動車のカルロス・ゴーン社長は自分ではねじ1本作ることはできないでしょうが、あの巨大企業を建て直し、新たに雇用を創出し、利益を挙げて企業として、日本国に多額の税金を納めています。経営者もまた普通の労働者と同じように必死で仕事をしているのです。

投資も同じことです。投資はどこに投資をすれば一番利益が出るかを判断して資本を投下する行為です。そう考えていくと、投資というのは会社で言えば経営者が意思決定の判断をするのと同じことをやっているわけです。「額に汗して働く」という言葉があるのなら、投資は「脳に汗して働くこと」です。事業家があらゆる事態を想定してリスクを最小化していく中でリターンを最大化しようとするように、投資家はあらゆるデータを調べ、リスクを考えながら自分の投資のリターンが最大になるように行動するからです。

濡れ手に粟とか不労所得という言葉は一見、何もせずに労せずして儲けているというイメージがつきまといますが、投資家はちゃんとリスクをとっているからリターンが得られているのです。

投資家の仕事は損をすること

作家・橘玲氏が書いた『臆病者のための株入門』という本がありますが、その中に「投資家の仕事は損をすることである」という一節がありました。いささか皮肉っぽい言い回しですが、ここで言う〝損をすることが仕事〟というのはリターンを得るという目的を遂行するために投資家はちゃんとリスクを取りに行っているのだ、という意味なのです。

少し前にトマ・ピケティの『21世紀の資本』という本が話題になりましたが、この中で「r>g」という式が注目されました。何か新たな発見であるかのような印象だったのですが、私に言わせれば、この式におけるr＝資本収益率が、g＝経済成長率を上回るなどというのは常識以前の話で、「ピケティ先生、何を今ごろ言ってるんですか？」という気がします（笑）。rはリスクを取っているわけだから、いわばリスクプレミアムとして高い数値になるのは当たり前だからです。

ところが投資をやったことがない人にはこの「リスクを取る」ということの概念がなかなか理解できません。株式投資自体を非常に甘く見ている人が多いようです。〝儲かる〟という強烈な言葉のイメージだけで何もしなくても、相場を当てて利益を手にすることができるという印象ができあがってしまうのです。

特にアベノミクスが始まって以降、市場が非常に好調で、利益を挙げた人が周りに居がちです。人は儲かった時は吹聴してまわることが多いために他の人から「株で儲かった」という話を聞くことが多くなると、この勘違いはさらに増幅されることになります。

最も危険なパターン

でも株は不労所得だと考えるのは実に危険なことなのです。例えばずっと投資することを毛嫌いしていた人がある時、何かの拍子で投資を始めたとします。退職金を貰って投資を始めたりする場合がその典型です。そもそも今までそういうものには見向きもしなかったわけですから、投資自体には興味がありませんし、仕組みもよくわかっていません。ただあるのは〝儲けたい〟、〝あわよくば儲かるかも〟という欲望です。しかも退職金が原資ですから金額もまとまっていて大きい。

こういう人の多くは、「何か儲かるものを教えてくれ」と証券会社に頼ることになるでしょう。証券会社にすればとてもありがたい顧客です。知識は持っていないけどお金と欲を持っている人が最高のお客さんだからです（笑）。

でもこれは投資家としては最もマズいパターンです。自分で努力して勉強し、情報を分析して判断するということをせずに、「不労所得でボロ儲け」を夢見て投資を始めた結果、手ひどい目に遭うことは容易に想像できます。

投資というのは短期的には変動を予測するのは極めて困難です。そのため、あたかもギャンブルのごとく「うまく当てれば楽をして儲かる」と考えがちになるのですが、短期的な相場予測でもって利益を挙げ続けるというのは極めて特殊な才能を持った人にのみ可能なことであり、世の中の大部分の人はそれでうまく利益を挙げ続けることなどは不可能です。

株式投資の本質は投資する先の将来性や価値を見極めた上で判断すべきものです。さらに自分が負えるリスクを考えて、それに応じたリスク分散を考えながら行うべきものです。株の儲けは不労所得だなどと甘く見ていた人が、十分な勉強や準備をしないままに投資を始めるということは非常に危険なことだと知っておいた方がいいでしょう。

［第２章］

投資の基本、ありがちな間違いは？

第2章は、資産形成や資産運用の中の有力な手段である「投資」に関してありがちな間違いについてお話していきます。第1章では、一般的に資産形成・運用について常識であると思われていることがらについて疑問を呈し、少し深く考えてみました。この章では、常識とまでは言えないものの、多くの投資家が思い込んでいる前提や評論家の人たちなどがいつも言っていることが本当に正しいのかどうかを考えます。

実はこうした投資家の思い込みの中には金融機関や評論家のポジショントーク的なものが少なからずあります。投資家にそう思い込んでもらった方が商売上の都合が良いというようなことです。彼らの言うことは一面は正しい部分もありますが、全面的に正しいかというとそういうわけではありません。というよりも投資においてどんな場合でも常に正しいことなど、そうはありません。

例えば本章で出てくる「ドル＝コスト平均法」などは、ある部分においては有効性がありますが、決して万能というわけではありません。ただ投資家がこの方法を続けてくれることは金融機関にとっては安定的に資金が入ってきますからメリットは少なくありません。別にドル＝コスト平均法が悪いということではありませんが、その効用と限界を知って自分にとって役に立つように活用すべきだということです。

本章では他でもつい投資家が考えがちな、そして陥りがちな行動の中であまり合理的とは言えないもの、むしろ悪影響を及ぼす可能性のあるものも含めて8編紹介します。

1. 老後が心配だからそろそろＦＸでも⁉

初めての投資がＦＸという驚き

ここ数年、外国為替の取引でＦＸ（外国為替証拠金取引）と言われている短期の売買をされる方が増えてきています。書店に行っても投資本のコーナーにはＦＸに関する本が山積みです。ひと頃話題になった〝ミセス・ワタナベ〟という言葉に象徴されるように主婦の方などでも多くの方がＦＸを使って外為投資されています。

私はＦＸ投資自体が別に悪いとは思いませんが、利用法やＦＸそのものに対する認識についてはは疑問に感じるところがたくさんあります。

先日もある個人投資家の集まりに出ていた時のことです。40代半ばのある女性の方とお話していたのですが、「老後のことをそろそろ考えて準備しなければいけないので、少しは投資の勉強をしなければと思って、今日やってきました」と、ここまでは良いのですが、次の言葉に私は耳を疑いました。「それでまずは手始めにFXからやってみようかと思うんですよね」……

FXというのは通常レバレッジを掛けて行う取引で、言わば自分の持っている資金の何倍もの金額を賭けるわけですから、投機的な側面のある取引であることは言うまでもありません。まったくの投資初心者の人がこれから投資を始めるという時に最初にやってみる方法であるとはどう考えても思えないのです。

そこで私はその後、投資は初心者という人たちに話を聞いてみましたが、意外とFXから投資を始めている人が多いことにさらに驚きました。

そんなお話をうかがった方々のお一人ですが、その方もやはり株式投資はやっていないけれど、FXはやっているとのことでした。その理由を尋ねたところ、「だって株式ってよくわからないですよね。でもドルやユーロなら海外旅行に行く時に使うのでとてもなじみがあるから」ということでした。私はこの話を聞いて、これは典型的な〝利用可能性ヒューリスティック〟ではないか？　と思いました。

利用可能性ヒューリスティックとは

利用可能性ヒューリスティックというのは頭に思い浮かびやすい、目立ちやすい特徴や手がかりだけで判断しがちな心理のことを言います。

例えば「銀座で美味しいイタリアンのお店はどこ？」と聞かれた場合、きちんと調べようと思えば、ガイドブックを見たり、口コミサイトの評価を読んだり、はたまた知り合いに聞いたりして総合的に判断するというのが最も正しいやり方です。ところが多くの場合、自分が行ったことのある店が頭に浮かぶためにその店を勧めがちになるということは日常よくあることです。また、「高校野球で強いチームはどこか？」と聞かれると、まず頭に思い浮かぶのは自分の出身地の強豪校です。実際にはもっと強いチームがたくさんあっても最初に考えるのが地元校なのです。

この方のように海外旅行で外貨を使うからということで外貨を身近なものと感じるため、外為投資についてのリスクを正しく認識せずに安易に判断して手を出してしまいがちになる、というのも利用可能性ヒューリスティックと言えます。確かに海外に行くことでドルやユーロはなじみがあるし、〝知っている〟ことは事実ですが、その価格変動のメカニズムやそれに投資をすることでどれくらいの損益が生じるのかを〝理解している〟のでなければ投資をすべきではありません。

ではなぜ、外為取引が株式投資よりも難しいと考えるのかをお話しします。

株式投資との違い

株式はそれを発行している企業自体に投資するものですから、その企業が成長を続けていけば、配当ももらえるし、値上がりによる利益を取ることもできます。成長する会社の株主は長期的に保有していれば、みんな同じように利益を得ることができるものです。仮に個別企業のことがよくわからないのであれば、世界の市場全体に分散投資することでもかまいません。

ところが為替取引というものは長期に保有していれば、誰でも利益が出るという性格のものではありません。誰かが儲ければ、その裏側では必ず誰かが損をする、すなわちゼロサムゲームとしての側面が強い取引なのです。したがって、運用はどうしても短期かつ投機的になりがちです。プロの為替ディーラーも個人のFX投資家も一日のうち、何度も頻繁に売買を繰り返して利ざやを稼いでいるのが取引の実態でしょう。

もちろんこういう取引が悪いというつもりはありませんが、少なくとも「株式投資よりも簡単」ということではありません。ましてや老後の準備に向けた資産作りの手段としては最適の手段であるとはとても思えません。

為替の変動要因は株式同様複雑です。長い目で見れば通貨というものは適切な物価指数で計算された相対的購買力平価によって適正な水準に落ち着くと言われていますが、そもそも個人が経済のマクロ分析にかかりきりになるわけにはいきません。しかも株式以上に需給関係で動く部分が大きい面を持っています。価格変動がすべてファンダメンタルズ（経済の基礎的な条件）で動くのであれば予測はある程度可能ですが、需給というのは言わば多くの人の心理的要因に影響を受けるものですから予測自体が非常に難しいものです。

したがって為替取引で利益を挙げ続けるということは、株式投資よりもはるかに難しいと私は考えています。「ドルやユーロは海外旅行でなじみがあるから」という程度の理由で始めたのではリスクが大き過ぎます。

資産を外貨で保有することは必要だが……

もちろん分散投資の1つとして通貨分散という意見もあるでしょうが、それなら外貨預金や外貨ＭＭＦ、あるいは外国投信を保有すれば良いと思います。ＦＸは投資というよりはむしろ投機であって、取引自体をゲームとして楽しむ性格のものでしょう。貿易業者ならヘッジの必要性から為替先物は必要ですが、一般の個人投資家にとってはほとんどその必要はありません。資産分散であれば前述の外貨建て商品の方がはるかに良いと思います。ＦＸを使って長期の資産形成を、というのは極めて難しいということを認識しておく必要があります。

一般的に人は儲かった時は吹聴して回る傾向があるものの、損した時には誰も決して口には出しません。海外旅行で外貨にはなじみがある上にＦＸで儲かったという景気の良い話だけで、多くのお金をつぎ込むのは、ちょっと考えものでしょう。

投資の基本は、「自分がわかるものに投資をする」ということです。「わかる」と「知っている」は違います。いくらドルやユーロを〝知って〟いて、〝使ったことがある〟のでなじみがあったとしても、その価格変動のメカニズムや取引の特徴をよく理解しないまま大金を投じてしまうと、思いがけない変動で大きな損失を被りかねません。
「自分で納得したもの」に「自分自身の判断」で投資するということが最も大切であることを決して忘れないでください。

2. ドル＝コスト平均法を疑え

ドル＝コスト平均法は優れた方法？

株式や投資信託へ投資する場合の取引手法としてドル＝コスト平均法があります。これは毎月一定の金額で同じ投資対象に投資をし続けるやり方です。投資信託の積立てなどで活用されており、長期的に資産形成をするには最も良い方法である、と一般的には言われています。

なぜドル＝コスト平均法が有利なのかということですが、この方法の最大の特徴は「定額購入」というところです。つまり価格が高かろうが安かろうが関係なく、一定の金額で購入を続けるのです。これによってどういうことになるかと言えば、金額が一定なので価格によって購入する数量が調整されます。すなわち高い時は少ししか買わず、安くなったらたくさん買うという効果を発揮するのです。本来ならば高い時は買わない方がいいのですが、いつが高い時かはわかりませんし、いつが安い時かもわかりません。そこで定額購入することで自動的に調整することができるために長期の資産形成には優れた方法だと言われているのです。

でもドル＝コスト平均法は本当に最も有利な投資方法なのでしょうか？　私は必ずしもそうではないと思います。たしかに毎月1万円ずつ1年間買い続ける方が、初めに12万円を一括で買うよりもリスクは少ないと思われます。

必ずしもリスクが低下するわけではない

しかしながらよく考えてみると、分けて買う方がリスクは少なくなるのは当然です。なぜなら最終的な投資金額は同じでもそのお金をリスクに晒している時間が異なるからです。リスクの総量というのは金額と時間を掛けたものですから、リスクを考える上においては時間というのは重要な概念です。

ただし、ここでいう〝時間〟というのは単に長さを言うだけではなく、〝機会〟の概念も入っています。わかりやすく言えば持っている期間が1年間か1カ月間かで比べた場合、1年間持っている方がその間に不測の事態で株価が下落して損失が発生する可能性は高くなるということです。ひと頃話題になった『ブラック・スワン』（ナシーム・ニコラス・タレブ著）の中で、「S&P500（アメリカの代表的な株価指数）が過去50年間に上昇した幅の約半分は10日間で起こっている」という記述があります。要するに暴落や暴騰が起きた場合、〝そこに居あわせるかどうか〟ということが重要ですから、リスクを考えるにあたって時間の概念はとても大切です。

また、投資成果を評価する時には単純にどれだけ儲かったか、で比較してもあまり意味はありません。高いリスクを負った方が高いリターンを得られる可能性（あくまでも可能性です）が高いからです。したがって投資成果に対する評価を正しくやろうとすれば、負ったリスクに対して、どれぐらい収益が上がったかを比較しなければなりません。

ところが一括投資とドル＝コスト平均法の比較で言えば、リスク・リターンの関係というのは同じ投資対象に投資しているのですから同じはずであり、ドル＝コスト平均法自体は特別に有利でもなければ不利でもありません。実際、下落相場の時には一括で買うよりもドル＝コスト平均法の方が高いリターンになりますが、上昇相場の時は逆に一括投資の方が高いリターンが得られます。どんな相場の状況でも常にドル＝コスト平均法が有利ということではありません。

ドル＝コスト平均法の本当の効用

ではドル＝コスト平均法が良い点は一体どういうところにあるのでしょうか？　経済評論家の山崎元さんは「ドル＝コスト平均法は気休めだ」とおっしゃっていますが、私は正しいと思います。

ドル＝コスト平均法の最大のメリットは高いリターンが得られることでもリスクが低くなることでもありません。購入をルール化してしまうことで、上がり下がりに対して気を揉んだりする必要がないこと、市場の動きに惑わされて不合理な意思決定や投資判断を下すことを防ぐことができるという点にあるのです。

多くの人は株価が下がると見るのも嫌になりますし、積立て投資をやめたくなります。逆に上がってくるとうれしくなって毎日価格をチェックし、余裕があれば買い増しをしたくなります。言うまでもなくそれらの行動は非常に不合理なもので、ドル＝コスト平均法はそれを防いでくれるという意味で一定の効果があります。

つまり心理学的、行動経済学的に見ればドル＝コスト平均法というのは人間の感情に左右されることがないため、効果的な取引手法と言ってもいいのではないかと思います。あれこれ悩む必要がなく、気が休まる＝気休めというわけです。

ただし、心理学的には良い方法であっても注意すべき点はあります。1つは同じ投資対象に投資し続けるわけですから、リスクが集中するということです。バランス型のインデックス投信であればまだしも、株式の個別銘柄や金、アクティブ投信などの投資対象の場合はあまり集中しない方が賢明だと言えます。

さらに買付に手数料がかかる場合だと、ドル＝コスト平均法のように小口で買い続けることで割高な手数料を払うということになりかねません。

ドル＝コスト平均法を金融機関などの業者側から見れば、いったん契約してもらったお客さんからはずっと毎月安定的にお金が入ってきますから、これはとても良いビジネスです。業者側がやたらとドル＝コスト平均法を勧めたり礼賛したりするのもこの辺りにあると言っていいでしょう。

この方法さえ使えば安心とばかりに投資へ誘導するのは認知バイアスを使ったマーケティングの一種ですから、それにうまく乗せられてコツコツ投資なので安心とばかりに信託報酬の高い投資信託を長期にわたって積立てるということも気をつけた方がいいでしょう。長期にわたって累積する高いコストというのは決して馬鹿になりません。

私は決してドル＝コスト平均法が悪いとは思いません。一定の効果をもたらしてくれる方法であることは間違いありませんが、大切なことは盲信しないことです。この方法は決して万能ではありません。単に取引手法のバリエーションの1つであり、心理的な優位性と投資にかかるコストやリスク集中とはまったく別のものであることを認識しておいた方がいいでしょう。

3. ○○向けの商品というまやかし

金融商品の広告を見ていると、保険や投資信託などのように仕組みを使った商品でありがちなのが「○○向けの商品」というキャッチコピーです。例えば、「投資初心者向けの商品」だとか、「高齢者の方に適した商品」といった類です。さらに言えば、教育費向け、老後資金向けといった目的別に特化した商品をアピールするのをよく見かけます。でもこれらは本当に正しいのでしょうか？　よく考えてみると論理矛盾が一杯だということに気がつきます。

初心者向けのサッカーボール？

そんな中で比較的多いのが「投資初心者向け商品」と言われるものです。でも考えてみてください。例えば「初心者向けのサッカーボール」とか「初心者向けの自動車」などというものが存在するでしょうか？　そんなものはありません。あるのはボールや車に対して初心者として知っておくべき扱い方や心構えだけです。特に投資の世界はプロもアマもベテランも初心者も同じ土俵で勝負します。初心者だけが参加する証券市場なんてどこにもありません。だからこそ余計に「初心者向け商品」などというのは意味がないのです。

そういうものは大抵、単にリスクを抑えた設計になっているだけで、その代わりかなり手数料が高い傾向にあります。ひと頃、〝投資について詳しくない企業型確定拠出年金加入者〟向けにリスク限定型の投信が売り出されたことがありましたが、やはりかなり手数料が高めでしかも上昇相場には付いていけず、あまりかんばしくない結果となっています。

こうした商品を見てみると謳い文句としては「投資初心者にやさしいローリスクで堅実な運用」となっています。中身を見てみると債券や現金の比率を高め、株式のウエイトを15〜20％程度まで下げて運用をしています。だとすれば、別に投資信託でそんなことをしてもらわなくても自分でコントロールすればいいのです。具体的に言えば自分のお金を100万円、こういう初心者向けと称する投資信託購入に充てるのではなく、このうち10万円か20万円ぐらいで低コストの株式インデックスファンドを購入し、後は定期預金で何もせずに持っていてもほとんど同じくらいの成果になるでしょう。

実際、こうした初心者向けファンドと銘打ったものは運用管理費用が1％近くあります。ところが低コストの株式インデックスなら0・2％ぐらいです。投資金額の100万円全体に1％の手数料がかかれば1万円、ところが資金全体の20％だけ低コストファンドを購入すればその手数料はわずか４００円で済みます。なんと手数料は25分の1になるのです。

ウォーレン・バフェットは取引停止？

　また、高齢者の方向けに低リスクの商品をということで出てくるのもありますが、これも同じことです。ファンド全体の中で単に株式の割合を減らしているだけで、そんなものに高い手数料を払うのも合理的ではありません。それにそもそもの話ですが、「高齢者向け」などという概念が正しいのでしょうか？　齢を取ったらあまり高いリスクを取れないからだと言いますが、リスク許容度というのは必ずしも年齢だけで判断すべきものではありません。

　よく若い人は積極的にリスクを取りましょうと言いますが、まだ若くてそれほど貯蓄もない人こそあまりリスクを取ることはできないはずです。年齢が高くてある程度金融資産を持っている人であればそれなりにリスクを取ることも可能なはずです。リスク許容度を年齢だけで判断してしまったら、ウォーレン・バフェットなどは「高齢者取引」に当たるとして日本の証券会社の店頭では口座が取引停止になるかもしれません（笑）。

年齢というのはリスク許容度を決定する要素の1つに過ぎません。リスクが取れるかどうかを決める最も重要な要素は「保有資産額」と「リスク耐性」です。言うまでもなく保有資産額が多い人ほど、取れるリスクの量は多くなります。ところがいくら保有資産が多くてもリスク耐性の低い人はあまりリスク許容度が高くありません。

リスク耐性というのは「どれぐらいリスクに耐えうるか」という基準です。これは経済的というよりもむしろ性格的なものでしょう。金融資産が300万円しかなくても積極的にリスクを取って半分以上株式投資できる人もいれば、1億円の金融資産を持っていても10万円でも損することは耐えられないという人もいます。前者の人のリスク耐性は高いけれど後者の人は低いということです。

投資というものが感情に大きく左右されるものだからこそ、こうした感覚は重要で、単に年齢だけでリスク許容度を判断するのはあまりにも大雑把過ぎるのです。

夢や目的に合った商品

同様に、「目的別にお金を運用しましょう」というフレーズもよく聞かれます。特に保険商品にはそういうものが多いようで、入学金には学資保険、老後の備えには個人年金保険といった具合に目的別に商品を勧めるパターンはよくあります。

しかしながらこれも決して合理的とは言えません。資産というものは目的を限定せず、自分が取れる可能な金額だけリスク商品で運用し、後は安全資産で置いておくというのがベストです。必要な資金は安全資産から引き出せば良いし、自分を取り巻く経済状況が変わったらリスク商品の割合を変えればいいだけだからです。小分けにせず、まとめておけるから分散投資も可能になるのです。

ところが目的別に商品を購入してしまうと、中途解約できなかったりすることで臨機応変に資産を見直すことができなくなってしまいます。

お金の良いところは、貯めておけば使いみちは後で自由に決められることです。すぐに使う必要のないお金でリスクが取れる金額だけを株式や低コストの投資信託で運用し、後は預金にしておくのが最も賢いやり方です。初心者向けだの高齢者向けだの、あるいは目的別に設定されたという商品に１００％入れるよりもずっとその方が合理的です。

〝○○向けの商品〟というのは一見、顧客のニーズに合わせた親切な商品のように見えますが、実は多くの場合、「それらしく見せる」ために複雑にすることによって見えない部分で多くの手数料を抜くことができる商品です。言わば金融機関が顧客をカモにできる商品と言っていいでしょう。金融商品や運用というのはすべからくシンプルであるべきだと思います。

4．株より債券の方が安全？

債券のリスク

初心者向けの投資の教科書を見ると、どれを読んでもほとんど「債券よりも株の方がハイリスク・ハイリターンである」と書いてあります。この言い方はおおむね間違ってはいません。ただ、だからと言って債券の方が株よりも安全とは必ずしも言い切れません。そこで、この項では債券投資のリスクということについて考えてみたいと思います。

第1章でも取り上げましたが、「リスク」という言葉には「収益のブレ」と「危険性」という2つの意味があります。そしてしばしばこの2つの意味は混同されて使われています。

ブレ幅、結果の不確実性という意味でリスクを解釈すれば、同じ会社が発行している株式と社債を比べた場合、明らかにリスクは株式の方が高いということは言えます。それぞれのリターンという面でみると償還期限の決まっている社債が最終的には元本と一定の金利が保証されているのに対して、株式の方は必ずしも配当が一定ではありません。業績や配当政策によって増えたり減ったり、場合によっては無配になることもあります。

また元本ということでみても満期があるわけではありませんから、買ったものはいずれどこかで売ることになります。当然、買った値段以上で売れる保証はどこにもありませんし、銘柄によっては値動きの激しいものもありますから、大きなリターンを得ることができる反面、大きく下落することもあり得ます。

リスクとは、リターンの不確実性なのですから、まさに株式の方がハイリスクであるというのは正しいでしょう。ところが危険性、損をする可能性ということで考えてみると債券の方が必ずしも安全というわけではありません。これを少し考えてみましょう。

価格の変動要因

株や債券の価格変動要因にはさまざまなものがあります。

株で言えばその企業の業績が最も株価に影響を与えるものと言っていいでしょう。これによって配当の増減があったり、資本増強や設備投資のための増資が行われたりすることなどにも影響を与えるからです。さらに世の中全体の景気や金利の動向も個別の株価には影響を与える要素となります。

したがって株式の場合は変動要因がかなり複雑ですが、一方債券はと言うと、こちらはかなりシンプルです。何と言っても最大の価格変動要因は金利です。世の中の金利が上がれば自分が持っている債券の価格は下がります。なぜなら債券というのは通常は固定金利ですから、発行した後にもっと高い金利の債券が発行されてくるとそれまでの債券は値打ちが下がるからです。

逆に金利が下がれば価格は上がります。もちろん景気や物価が債券価格に影響を与えないとは言いませんが、それはあくまでも間接的な要因であり、それらの変動が最終的に金利に影響を与えるからということに過ぎません。

また発行されている債券自体の格付けの変化なども価格には影響を与えますが、これも格付けの上下が利回りに影響を与えるからであり、あくまでも金利が最大の変動要因であることは変わりません。

フレーミングによる勘違いと一方通行の恐ろしさ

世の中の金利が上昇するということは株にとっても債券にとっても共にマイナスの要因ですが、株価は金利だけで動くわけではありません。これに対して債券の場合は前述のように金利の変化が決定的な価格変動要因となります。方向として金利が上がり始めると、債券価格は程度の差こそあれ、どの銘柄でも一様に価格は下がっていきます。

一方株式の場合は、仮に金利が上昇し始めても個別に企業業績の良い会社であれば株価は上昇することもあります。すなわち、金利が上昇したり下降したりする時には、債券はほぼ一方通行でほとんどの銘柄が同じ方向に動くのに対して、株式の場合は個別の跛行性が強いと言えるのです。

これは一体どういうことを意味するかというと、金利上昇局面においては債券を保有しているとほぼ間違いなくすべての投資家にとって損失が増大していくということです。株式の場合なら、いくら下落相場の中でも個別には上昇するものがいくらでも出てきます。「失われた20年」とよく言われる長期に低迷を続けた日本株でも2000年以降に株価が5倍以上になった銘柄は何と800近くもあるそうです。

株式は債券よりもハイリスク・ハイリターンであるというのは間違ってはいないものの、一般の人が考えている「リスク＝損をすること」という具合に捉えると債券は決して損をしにくい金融商品というわけではありません。

ところが「株は債券よりもハイリスク・ハイリターン」というフレーズを逆にして「債券は株よりもローリスク・ローリターン」と言ってしまうと、つい債券＝安全という具合に考えがちです。これは言い方によって印象が変わってくるフレーミング効果と言われるものです。

例えば「この手術の成功率は95％です」と言われるととても安心しますが、「この手術は20人に1人は失敗します」と言われると非常に不安になります。数字的にはまったく同じことを言っているのですが、表現の方法で受け取る印象がまるで違うという フレーミング効果のいい例です。

日本では長い間、低金利が続いていましたから、債券価格はゆるやかに上昇ないし横ばいが続いていたこともあってよけいに「債券＝安全」と思いがちです。でも債券の価格変動を甘く見ない方がいいでしょう。

私自身かつての経験から言えば、本格的に金利が上昇する時の債券相場の怖さというのは経験した者でないとわかりません。例えば1978年から79年にかけて、第二次オイルショックが起きた時などは、国債の流通利回りが6・4％程度から9・15％へと急上昇し、国債価格は一挙に2割以上下落しました。もちろん国債だけではなく、他の債券も同様でした。

今までずっと低金利が続いていたからと言って今後もそれが続くかどうかはわかりません。もし金利が上昇する局面に入っていくとしたら、その幅とスピードにもよりますが、大量の国債を保有している金融機関にとっても少なからず影響が出てきます。仮に金融機関の経営不安などという事態が出てくるとその影響の大きさは計り知れないと言ってもいいでしょう。

もちろん金融機関もそういうリスクは十分に想定して対応策を取っているということは期待しますが、個人ベースで考えても債券＝安全資産と信じ込まない方がいいのではないでしょうか。

5. お薦め銘柄を聞いてしまう投資家の思考停止

一番儲かるものを教えてくれ！

私たちが暮らしている中で、「何かを選ぶこと」というのは実にたくさんあります。就職先や結婚相手などという人生における重大な決定から朝、新聞のラジオテレビ欄を見て「今日はどの番組を見ようか？」とか、「お昼には何を食べようか？」といった小さいことまで人間の生活というのは選択の連続なのです。株式投資も同じように〝選択の連続〟です。

この「選択する」というプロセスにおいていくつもの心理的な罠が待ち構えていま

す。

まず株式投資を始めるにあたって最初に考えなければならないことは〝何を買うか〟ということ、すなわち「銘柄の選択」です。そして次に考えるべきことは〝それをいつ買えばいいのか？〟「買い時の選択」ということになります。買った後は当然価格が変動しますから今度は〝それをいつ売ればいいのか？〟、「売り時の選択」が待っています。

こうしてさまざまな選択をするにあたってそれを判断するのはかなり心理的に負担が大きいものです。なぜならこれら投資の判断をするためには実に多くの要素を考慮し、考えなければならないからです。その上いくら分析して考えても株価というものは必ずしも理屈通り、予想通りに動くわけではありません。

いつの場合も悩むことになるため心理的な負担は当然大きくなります。とは言え、少なくとも株式投資を自己責任においてやろうというのであれば、こうして自分自身で考えて〝選択〟することを避けて通るわけにはいきません。

ところが往々にして投資家の方たちの中にはこういう面倒なことを考えるのが嫌で、「すぐに儲かるものを教えてほしい」という方々がいます。と言うよりもそういう方の方が多いかもしれません。

私も現役時代に株式投資セミナーで講師をやったことがありましたが、景気やセクター別の動向、金利や為替といった話をしている時はぐっすり寝込んでいるのに「では以上の背景を踏まえて注目銘柄についてお話します」といった途端にガバっと起き上がって熱心にメモを取り始める参加者が少なからずいるのです。

先日もあるアナリストの方とお話していた時も、セミナーで出てくる質問の中に、「銘柄だけ教えてください、理由はいりません！」というのがよくあるというお話を聞きました。

また企業年金制度の1つである確定拠出年金は、会社が出す掛金を従業員が自分で運用する制度なのですが、制度を始めるにあたって必ず投資教育を行うことが事業主に義務付けられています。私もそんな投資教育で講師を務めたことが何度もありましたが、会社は違っても、どこの会場でも必ず出る同じ質問があります。それは「難しい話はどうでもいいから、一番儲かるものを教えてくれ」というものです（笑）。

気持ちは決してわからないではありませんが、それがわかれば誰も苦労しないということは冷静に考えればわかるはずです。ところが昔から相変わらずこの手の質問は後を絶ちません。

思考停止と後悔回避

株式投資は自分自身の考えで判断して選択すべきものであるにもかかわらずなぜ、このように選択を人まかせにしようとする人が多いのでしょうか？　行動経済学の観点から考えると2つのことが挙げられます。まず1つ目は「情報負荷による思考停止」です。

人間は白か黒かという具合に比較的単純に答を出せるものは得意ですが、判断する要因が多くなるほど、脳の中で情報を処理することが難しくなり、考えるのが面倒になって人に頼りたくなるという感情が出てきます。複雑な悩み事が出てくると占い師に見てもらいたくなるという心理です。

株式投資にあたっては、市場全体の動向や金利情勢、そして投資しようとする企業の業績見通しなど、多くの要因を考慮して判断する必要があります。あまりにも考えるべき情報が多いため、こういうことを考えるのが面倒で思考停止に陥ってしまい、「とにかく儲かりそうな銘柄を教えてくれ」ということになってしまうのです。

でもこれでは占い師に尋ねるのとあまり変わりません。聞く方も恐らく全面的に銘柄が〝当たる〟と思って聞いているわけではないでしょう。にもかかわらずなぜ聞こうとするのか？

それがもう1つの理由、「後悔回避」です。何かを選択するということは勇気のいることです。選択したものが必ずうまくいくとは限りませんから、失敗して損をするということも当然あり得ます。もしうまく行かなかった場合に後悔したくない、自分のせいにしたくないという気持ちが出てくるのはごく自然なことです。人は意思決定にあたって後悔を回避したいと思うものなのです。

そこで人に聞いてその人の言う通りに売買した方が、その時点では、かなり気分が楽になります。「あの人の見通しはよく当たる！」とか「あの人の言うことは正しい」と信じることはとても楽ですし、仮に当たらなかったとしてもそれは自分の責任ではなく、当てられなかった〝あの人〟のせいにできるからです。

これも先ほどの占い師に聞くのと同じ心理で、つまり自分のせいで後悔したり、損失が生じたりすることを避けたいという気持ちです。これは判断などというものではなくむしろ信仰に近いと言ってもいいでしょう。

投資で最もやってはいけないことは〝信仰〟を持ってしまうことです。宗教の世界では「信ずる者は救われる」かもしれませんが、相場の世界では「信ずる者は裏切られる」ことが多いのです（笑）。

信仰を持つということは言い換えれば「思考停止」になることです。そしてこれは株式投資だけではなく、投資信託でも起こり得ます。「あのファンドマネージャーは優秀だから」とか、「あの投資信託の理念が素晴らしいから」ということだけで盲目的に買ってしまうといったこともよくあります。

しかしながらマーケットに対峙する時は考え抜くことが求められます。柔軟に考えて柔軟に対処することこそが成功する道です。なぜなら相場に「絶対」ということはないからです。常に柔軟に考えながら自分で判断していくことが大切なのです。

もちろん投資信託、それもアクティブ型の投資信託を購入する人はそういったことを考えるのが大変だし、面倒だから運用を委ねるのだということなのでしょうが、少なくとも購入にあたってはさまざまな条件をよく知った上で購入すべきなのではないでしょうか。

最終的にはすべての責任は投資家が負うべきなのですから。

6. 投資の世界ではアマがプロに勝てる

投資のプロってたいしたことない⁉

普通、どの世界でもプロというのは大変な実力を持っています。例えば将棋の世界ではどんなに頑張ってもアマはプロに勝てないのが普通です。でも、野球などのゲームになるとたまにアマがプロに勝つこともあります。これはチームプレイであるために誰かの体調が不良であったり、全体のバランスやコンビネーションが崩れることもあったりするからです。さらにそれに加えて、グラウンドコンディションや風の状態といった自然現象による偶然の要素も作用します。

つまり偶然が左右する要素が多ければ多いほどプロとアマの差は小さくなるということです。

では投資の世界で考えてみましょう。プロの投資家たちは素人の投資家と比較すれば常に勝つことができるのでしょうか？　ここで言う投資のプロとは一般的に機関投資家やファンドマネージャーと言われる人たちのことで、日常的に人のお金を預かって運用し、収益を挙げることを目的とする人たちです。知識や情報をあまり持たない投資初心者のほとんどは、「自分たちは素人だから投資のプロには勝てるわけがない」と思っています。これは心理学で言う、「権威付け効果」によって〝プロ＝運用が上手〟と思い込んでしまっている人が多いからです。

ところがこれが必ずしもそうではありません。面白いことに素人の投資家でもプロを上回る成績を上げる人はたくさんいます。

マーケットというものは極めて不確実なもので、予想を的確に当て続けていくということは至難のわざです。したがって、運用成績というものは運用の技術よりもマーケット自体の良し悪しに大きく左右されるところが大きいのです。つまり投資の世界はかなりの部分、偶然が左右する世界だということです。プロに勝つ素人はたくさんいます。

アベノミクスが始まった2012年の秋以降の2～3年で見てみると、ほとんどプロも素人も変わらないぐらいの成績になっていると言ってよいでしょう。

「え、でもプロの人たちは色んなネットワークや情報源を持っていて、素人の私たちにはとても入ってこないような情報もあるんじゃないの?」。そう思いたくなる気持ちはわかりますが、投資の世界では特別な情報というのは何もありません。もしあったとすればそれはインサイダー情報ですから、それを使って売買すればプロであろうがアマであろうが違法行為になります。したがって、例え運用のプロであっても財務データや業績見通しなどについては公開された情報から判断するしかありません。

もちろん、プロの運用者のところには素人とは比較にならないほどの多くの公開情報が入ってきます。豊富なニュースソースも持っています。ところが投資の世界は情報が多ければ確実に儲かるかと言えば、必ずしもそうではありませんし、情報量が多ければ多いほど、行動経済学でいう「情報負荷」の状態に入ってしまい、判断がますます困難になっていくのはプロもアマも同じです。

"プロ"は一体どこがすごいのか?

「でもそれだったらプロに任せる意味がないじゃない?」、そう思われるのは当然です。

では、運用のプロというのは一体何が優れているのでしょう? それは相場が悪い時の対処の仕方にあります。相場が良い時は誰がやっても、ほうったらかしておいてもうまく行きます。問題は相場が悪い時です。運用の世界でプロが大変なのは相場が良くても悪くても運用をし続けなければならないということです。運用しないというわけにはいきません。プロは人のお金を預かって運用していますから運用しないということです。相場が良い時はもちろん、悪い時もそれなりにしのいでいかなければならないという宿命を負っているのです。だから運用のプロは手数料をもらっているのです。優れたプロは運用が上手とか下手とかではなく、相場が悪い時のしのぎ方が上手だということなのです。

ところが素人投資家はそんな無理をする必要はありません。なぜなら素人は相場が悪ければ休めばいいからです。第1章の4節「〝持たざるリスク〟という勘違い」でもお話したように、一般個人投資家にとっては運用しなければならないという義務はありませんから投資しなければいいだけの話です。

素人にとって最大の優位性がここにあります。相場が悪い時にプロが四苦八苦して何とかしのいでいる姿を横目で見ながら、相場のことは忘れて買い物でも旅行でも行けばいいのですから、個人投資家は気が楽です。「常に運用しなければ!」という強迫観念にとらわれない分、心理的に優位に立てる個人が持っているアドバンテージは大きいと言わざるを得ません。

さらに言えば、法人には決算というものがありますから、期間収益を挙げることが求められますし、年度末時点での評価が重要になってきます。ところが個人には決算がありませんから、保有期間ごとの収益などはまったく関係ありません。事実こんな話がありました。

素人でも十分プロに勝てる

私が確定拠出年金の仕事をしていた頃にリーマンショックが起きました。当時の新聞に企業年金の運用成績に関する記事が出ていましたが、それによれば大手生保6社が企業年金から受託する団体年金の2008年度の運用利回りは年率で▲22・41％でした。リーマンショックが起きたのは2008年9月でしたから2008年度というのはちょうどその前後の1年（2008年4月〜2009年3月）ということになりますので、これぐらい下落しても当然です。

では、同じ期間、個人が自分で年金資産を運用する確定拠出年金の加入者運用利回りはいくらぐらいだったのでしょう？　当時、私は自分が仕事で関係していた加入者約40万人のデータを調べてみました。すると、加入者の保有資産の下落率は約8％だったのです（図5）。

なぜこんなに差が出たのか、恐らく確定拠出年金の加入者はそれほど熱心に自分の資産を動かしていなかったはずです。それに機関投資家と違って資産をすべて投資に回すといういわゆる〝フルインベストメント〟の状態の人が少なかったということも理由の1つでしょう。確定拠出年金は60歳まで運用が続いて途中でお金を引き出すことができない仕組みですから、じたばたしてもしょうがないということもあります。

このように長期で保有できる素人は、短期で成果を出すことが義務付けられているプロよりもいい成績を上げられる場合も多いということなのです。きっとあなたのまわりにもプロが運用する投資信託のパフォーマンス以上に大きな収益を挙げている個人投資家はいるかもしれません。

個人投資家にとって最も大切なことはプロと競ったり、同じように運用しようとしたりするのではなく、自分なりの運用ポリシーを持って無理をしないということではないでしょうか。

【図5】

リーマンショック後1年間における
確定拠出年金の運用利回り
加入者全体の中央値

▲8.0%

(08年4月～ 09年3月)

(出所：大手運営管理機関の加入者データよりヒアリング)

一方、同じ時期の
企業年金は…？

▲22.41%

大手生命保険6社が企業年金から受託する
団体年金の2008年度の運用利回り平均

(出所：2009年4月21日付　日本経済新聞の記事より)

7. 投資手法と健康法　で、どれが一番いいの？

お金と健康の共通点

お金と健康というのは、考えてみるとたくさんの共通点があることに気がつきます。ちょっと比較してみましょう。

① どちらも人にとって大切なもの
② それを手に入れるために多くの人が努力している
③ それが手に入らないことで悲観して自殺する人もいる
④ 本来は手段であるのに、往々にして目的と化している
⑤ どちらの分野も専門家がいて、それらしいことを言うけれど必ずしもあてにならない

いかがでしょう、いずれもうなずけることが多いのではないでしょうか。特に⑤は私の経験上間違いないと言えます（笑）。

実際、書店に行けば、健康本と投資本というのは次から次へと新しいものが発売され、かついずれも結構よく売れています。〝次から次へ新しいのが出る〟というのが面白いところです。もし、決定的に有効な本があるとしたら、それだけが圧倒的に売れて他は売れないはずですが、新しい本が後を絶たないというのは結局どちらもあまり役に立っていないということなのでしょう。

では、なぜそうなのか？　ということですが、ここには多くの人がひっかかりやすい2つの心の罠が存在しています。1つは行動経済学でいう「情報負荷」の状態、そしてもう1つはその状態から逃れるために〝手っ取り早く解決したい〟という心理です。

まず、情報負荷ですが、投資するにあたって、意思決定を行うにはさまざまな要素を勘案しなければなりません。そもそも自分のリスク許容度から始まって、投資対象の内容の分析、経済全体や景気の動向、マーケット自体の方向性など、考えていけばきりがありません。実際に意思決定の順序にしても自分に最適のアセット・アロケーションを考え、次に銘柄を検討し、最後は投資手法（一括投資か積立投資か？）といったことを決めていかなければなりません。

これはかなり面倒です。健康も同じようなものです。自分の体質や既往症の有無、生活習慣など、さまざまな要素をトータルに考えて自分に合った健康法や食事法は何かを考える必要があります。

人間は複雑な思考が苦手

ところが、人間は本来こういう複雑な思考が苦手です。「○○だから、こうなった」あるいは「○○だったら、こうなる」といった具合にシンプルでわかりやすい因果関係で判断したくなる心のクセを持っています。

例えば風邪をひくと、「昨日寒かったのが原因だ」と単純に考えがちですが、実際には睡眠不足であったり栄養が偏っていたり、あるいは仕事が忙しくてなかなか休みがとれなかったりとか、さまざまな原因が複合的に重なって体調を崩すことが多いのです。

相場でも上昇や下落の原因はそれほど単純なものではなく、さまざまな要素が絡み合っているものです。したがって考慮しなければならない原因や要素はとても多いのですが、このような「情報負荷」の状態になると、普通、人間は思考停止になってしまい、何とかして簡単な解決方法を求めることになります。

結果としてわかりやすいもの、簡単なもの、「これさえやれば大丈夫」みたいなものに強く惹かれることになります。書籍のタイトルで言えば「FX必勝法！　1年で1億円を稼いだ」とか、「3日間で成功するダイエット」などがこの類です。こういう刺激的なタイトルの本があったりするとついつい手に取ってみたくなります。

実際に手に取ってみると、いかにもそれらしいこと、うまくいきそうなノウハウが書いてありますが、やってみるとなかなかうまくいきません。それは当たり前です。誰でも簡単に儲かるのであれば世の中はお金持ちだらけになってしまいますし、簡単にダイエットができるのならこれほど肥った人は多くないはずです。

投資にしても健康法にしてもある特定の状況や体質の人にとってはとても有効な方法はあるでしょうが、誰にとっても、どんな市場の状況でも一番良い方法というのはなかなかありません。

例えば投資で言えば、さまざまな手法があり、そのいずれもが絶対正しいとは言い切れないからです。インデックス運用かアクティブ運用か？　ファンダメンタルズ分析かテクニカル分析か？　等々、言ってみれば投資には〝流派〟というものがあります。この方法だけが常に正しいということではなく、状況によって投資方法というのは変えた方がいい場合もあり得ます。健康法の例で言えば、「朝ごはんはしっかり食べるべきだ」という人もいれば、「1日2食が健康の元、朝は食べない方が良い」という人だっています。

このように矛盾する主張が出てくると迷いますが、これもどちらが絶対正しいということではなく、要はその人の体質に合っているかどうかなのです。

投資の場合は対象がマーケット、健康の場合は対象が人間の身体。どちらも生き物ですから常に変化していくものであり、固定観念を持つことは禁物で、あまり原理主義に陥ってはいけないのです。

私は投資手法については長年、投資に関わる仕事をしてきましたから、ある程度自分のスタイルを持っていますのであまり迷うことはありませんし、市場の変化に合わせて手法を変えていくこともしばしばありますが、健康についてはテレビの健康番組を見ているとすぐ影響を受けてしまいます。今まで良いといわれる健康法は色々と試してみたりしましたが、その結果たどり着いたのは、健康法というのは人それぞれだということでした。

投資の場合も同じです。その人の持っている金融資産が多いか少ないか、あるいは運用する資金の性格によって運用方法が変わってくるでしょうし、何よりもその人の持って生まれた性格は投資判断に大きな影響を与えます（実はこれが意外と大きいのです）。自分にとってどんなやり方が一番心地よく、冷静に投資判断ができるのかを考えるべきだと思います。

自分で考えることを遠ざけ、相場の必勝法についての本を読みあさったり、投資セミナーへ出席して「で、どれが一番いいの？」という安易な質問をしたりすることは決してあなたが投資で成功するのには役に立たないでしょう。

8. やってはいけない、退職金投資デビュー

失敗しがちな心理

私は2012年の1月に定年退職をしました。いわゆるアベノミクスが始まる少し前に退職金を手にしたということになります。私とほぼ同じぐらいの時期に退職した人をこの数年間でたくさん見てきましたが、その人たちに対して、とても不安に感じていることがあります。

それは受け取った退職金をすぐに銀行や証券会社の窓口に持って行って一度に投資性商品を購入していることです。

もちろん、2012年秋以降に株価が大きく上昇しましたので、まとまった資金で運用することによって大きな利益を得ている人が多いのも事実です。これを書いている2017年11月時点では、日経平均株価が2万2000円を超えており、前月には16日間連続上昇という極めて好調な相場ですから、私と同じ時期に退職して投資を始

めた人はほとんど利益を得ているはずです。にもかかわらず、なぜ私がこの人たちに対して不安を感じているのか？

退職金をもらってまとまった資金で投資を始めた人たちについては、心理学の面から考えると2つの大きな間違いをしていることに気がつきます。1つは「気が大きくなる」ということです。多くのサラリーマンにとって退職金というのは恐らく生涯で唯一のまとまった大金を手にする機会です。多少なりとも気が大きくならないはずはありません。これを機に海外旅行に行ったり、車を買い替えたりするということもあるでしょう。

でも退職金というのは多くの人にとっては生涯にわたる生活資金の原資です。遊ぶための臨時ボーナスではありませんから、退職金をもらって気が大きくなり、「豪華客船世界一周クルーズ」みたいなものに出かけてしまうという行動には気をつけなければなりません。

でもそれぐらいならまだ良いのです。一時的に豪勢にお金を使ってしまってもすぐに元の生活にもどるならそれほど大きな影響はありません。やっかいなのはまとまったお金を手にするとさらにそれを増やしたいという欲が出てくることです。今まではボーナスでせいぜい数十万円単位でしか動かせなかったお金が何百万、場合によっては何千万という単位で動かせることもあり得ますので、きっと有利な運用方法があるに違いないと勘違いしてしまうのです。

急にマネー本を読み始めたり、金融機関が主催するセミナーに出かけたりします。こういう心理状態の時は有頂天になっていますから非常に危険なのです。私が退職した頃にも、もう長い間交流のなかった友達から「おい、お前たしか証券会社にいたよなあ。何か儲かるもの教えてくれよ」という電話が何件かかかってきたくらいです。

もう1つの間違いは「自己奉仕バイアス」です。これは結果が良かった場合には自分の力で、うまく行かなかった場合はまわりの環境のせいだと思い込んでしまうことを言います。

2012年秋以降、株式市場は比較的順調に推移しており、この期間に株式投資や投資信託を買った人はほとんどが儲かっています。これに対して過剰な自信を持ってしまいがちになるのです。「ひょっとしたら、自分は運用の天才じゃないかと思う」とまじめに話す人にもたまに会いますが、何のことはない、市場全体が上がっているのだから儲かっているのは当たり前で、よほど下手なことをしない限りじっと持っていただけでも誰もがかなりの利益を挙げることができているのです。

たまたま相場が良かっただけにもかかわらず、自分の腕だと勘違いしてしまう自己奉仕バイアスも非常に危険です。これらは多くの退職した人から聞いた話であると同時にここ直近で私自身が経験したことでもあるので、実感として非常によくわかります。

金融機関にとってはおいしいお客さん

また、金融機関にとっては、①まとまったお金を持っていて、②それを増やしたいという欲があり、③自信過剰になっている状態の退職者というのは最もおいしいお客さんです。私自身が証券会社で長年営業をしていた頃は、定年退職者というのは非常に重要なマーケットでした。財形貯蓄や従業員持株会、株式や投信の積立というのは件数が多いため、金融機関にとっては口座管理が大変で、結構コストもかかるのですが、彼らの多くはそうしたあまり儲からないビジネスでも比較的熱心に営業推進をしています。

それは多くのサラリーマンがその先に〝退職〟という大金を手にする機会があり、

そこに金融機関にとっての大きな商売チャンスが待っているからです。そうやって退職直後に金融機関の勧められるままに未経験の人が投資デビューするというのは危険きわまりないと言っていいでしょう。

それにこれは何もこの1～2年に限った話ではありません。過去にも大きな相場の時は何度もありましたが、その都度、自信過剰で大金を一度につぎ込んで失敗してきた退職者の人たちを私はたくさん見てきました。人間は経験でしか学ぶことができないという残念な習性を持っています。だとすれば、それまで何の運用の経験もなしにいきなり大金を投入するというのは明らかに危険です。

水泳の本を100冊読んでもそれだけで泳ぐことはできません。自分が水に入ってアップアップしながら、水を飲んでしまったり、耳に水が入ったりといった経験を積んだ後にようやく泳げるようになるのです。投資だってまったく同じです。投資の経験のない人が退職金でいきなり投資を始めるのは、泳いだことのない人がボートで沖合に出て、いきなり海に飛び込むようなものです。波の具合が良ければ一時は、大きな波に乗ってうまく泳げるかもしれませんが、いずれ溺れて失敗する可能性は極めて高いと言えます。

これを防ぐには若い頃から少額で積立投資などを実行しながら小さな失敗も経験して知識を身に付けていくのが一番良い方法です。でもそれまでまったくそういう経験をしてこなかった人であれば、少なくとも一度に退職金の多くを投資商品に投入するのはやめた方が賢明です。私自身、現在63歳ですが、退職金を一度に投資することはせず、今でも毎月投資信託の積立てを一定金額続けています。

退職時に退職金などまったくあてにしなくても良いという人なら別ですが、多くの人にとっては退職金というのは老後の生活の大切な原資です。しかも長寿化が進んだことで、退職後も20年や30年は生活が続くことになりますから、ますます退職金の重要性は増してきます。もちろん将来のインフレに備えるための購買力を維持することも大切ですから、株式や投資信託を一定割合持っておくことも必要ですが、少しずつ勉強しながら始めることが退職した人が残念な結果にならないようにするために大切な知恵だと思います。

［第３章］

株式投資に
潜む
心の罠

第3章は、いよいよ株式投資の話に入っていきます。

本書は「投資と行動経済学」の関係に焦点を当てたものですが、恐らく行動経済学で説明することができる不合理な行動が最も強く現れるのは株式投資ではないでしょうか。

なぜなら、株式投資というのは多分に心理ゲーム的な色彩が強いからです。もちろん株式投資の基本はバリュエーションすなわち企業価値を見極めることであることは言うまでもないのですが、株価の形成というものが多くの人の価値判断で成り立っているものである以上、短期的には人間心理の影響を大きく受けることは避けられません。

こうした投資家の心理を最も端的に表しているのが経済学者ケインズの言った「株式投資は美人投票だ」という言葉です。ここでいう美人投票というのは自分が美人と思う人に投票するのではなく、誰が美人コンテストで優勝するかを当てる、すなわち他の人たちが美人だと思って、一番たくさん投票された人を当てるという行為のことを言います。株式投資はまさに多くの人が投票すれば（＝買えば）上がるし、逆は下がるわけですから、他人がどういう評価を下すか、という心理を読むことが相場で勝つためには大切なのです。

このように株価の動きについては人間の心理が強く影響を与えるため、心理学や行動経済学からみて興味深い事例が、たくさん登場することになります。本章ではそうした株式投資にまつわる陥りがちな事例を10編解説します。

株式投資を経験した方であれば、この事例のいくつかは、あるいはひょっとしたらほぼすべてに思い当たることがあるかもしれません。まだ投資をしたことがない、これから株式投資を始めようという人であれば、現実にここに書かれているようなことが起こり得るのだということを十分に知った上で投資を始めた方が良いと思います。

では早速、どんな例があるのかを見ていきましょう。

1. なぜ株式投資は十勝一敗でも損をするのか？

プロスペクト理論

株式投資を経験したことのある人の中には「長い間株式投資をやっているけど、なかなか儲からない。相場が良いにもかかわらず、トータルしてみると損をしている！」という人がいます。昔から〝株は十勝一敗でも損をする〟とよく言われますし、実際に投資した経験から肌感覚でそう感じている人も多いように思います。これは一体どういうわけなのでしょうか？

行動経済学の中で最も中心となる理論の1つが「プロスペクト理論」と呼ばれるものです。この理論で最も基本となる考え方は「損失回避性」です。具体的に言うと、「損した金額と儲かった金額が同じ場合は、損した悔しさの方が儲かった嬉しさよりも2倍以上大きい」というものです。

儲かることと損をすることはまったく逆のベクトルですが、金額が同じなら、その喜びと痛みは同じ大きさのはずです。ところが、プロスペクト理論によれば、そうではなく、損した痛みの方がはるかに大きいとされています。

つまり人間は損をするということが嫌いなのです。もちろん損が好きな人は誰もいませんが、大切なポイントは損をすることが〝異常に〟嫌いだということです。その結果、「利益が出ている局面ではその儲けを確実なものにしたいという欲求が強く、逆に損をしている時には何とかその損をなくしたいという気持ちから賭けに出たがる」という傾向があると言われています。

株が上がったら、下がったら……

これを株式投資に当てはめてみると一体どういうことになるでしょうか。株を買った後、少し上がります。まだ上がるかもしれないという期待感と逆にこのまま売らずに下がってしまったらどうしようという不安感の両方が心に芽生えます。多くの人はここで不安感の方が大きくなります。何しろ損をするのが異常に嫌いだからです。

そこで昔から言われている相場の格言を都合よく思い出します。「利食い千人力！」――〝儲かっているうちが花だ。売らずにズルズル下がってしまったら元も子もない〟という心理が強く働き、少しの利ザヤでも良いから売って利益を確定しようとします。

逆に買った後、下がったらどういう心理状態になるでしょうか？　下がってしまったのだから不満であることは間違いありません。でもここで売ってしまうと損が確定します。何よりも損が嫌いなのですから、損を確定するのはイヤです。それに〝今は下がっているけどもう少し我慢していたら上がるかもしれない〟という根拠の無い見通しにすがろうとします。売って実際に損を出した後に上がったりしようものなら、最悪です。そんなことを色々考えながら結局売らずにそのまま置いておきます。

その後、上がれば良いのですが、さらに下がったら今度はどうなるでしょう？　前に比べてもっと損が大きくなっていますから、ますます売る気持ちにはなれません。それどころかここでまた都合の良い考えが頭をもたげます。「そうだ！　ここまで下がったんだからここでもう1回買っておけば、平均コストが下がるので今度上がった時は儲かるぞ！」。

これがいわゆる〝ナンピン買い〟というやつです。確かに言っていること自体は間違っていません。でも〝今度上がった時は〟って、いつ上がるのでしょう？　そんな保証はどこにもありません。一見コストを下げたように見えますが、投資金額は大きく増えていますから逆にリスクは大きくなっています。つまり賭けの金額を大きくしているのです。

プロスペクト理論の言う「利益が出ている局面では確実性を好み、損失が出ている局面では賭けに出たがる」という行動そのものです。

そこからさらに下がっていくと、今度はいつまでも下がり続けて最後は倒産するのではないか？　という不安がもたげてくるようになります。ここまで来るとやや心理的なパニック状態になります。またそういう時に限って下落幅が大きくなります。そこでもう辛抱できなくなって全部売ってしまいます。

大体、相場はそこで大底を打ち、売った後から上がり始めます。多くの人がそう考えるから下げの最終局面で下がるスピードが速くなり、出来高も増えるのです。株式相場というものは価格を動かす要因は複雑多岐にわたるものの、相場を動かす力の源泉は驚くほど単純です。それは需給関係です。買う人が増えれば株が上がるのと同様、売る人が増えれば株は下がります。最後まで我慢して売らなかった人が売り切ってしまえばもう誰も売る人はいなくなりますから上がるのは当たり前なのです。

こうして「十勝一敗」でも損をする

結果として小幅で利食いを重ねていってもたった一度の大きな下落でそれまでの利益を全部失ってしまう損失になります。だから株式投資は「十勝一敗でも損をする」ということになりがちなのです。

これは昔から相場の世界ではよく言われていることでしたし、私も自分の経験則からは理解できることでしたが、なぜそうなるのかの背景がわかりませんでした。でもこの心理的な背景は見事にプロスペクト理論で説明できるのです。

「損があまりにも嫌いだから損をしてしまう」という皮肉なパラドックス、ここから考えられることは何でしょう。普通の人が普通に感じる心理状態のままで株式投資をしてもなかなかうまくいかないということです。昔から相場の格言に「人の行く裏に道あり　花の山」というのがあります。相場は人と同じことをやっていたのでは儲けることはできない。人と逆のことをしないとダメだという意味ですが、どうやらこの格言はプロスペクト理論でも証明されたようです。

株式の短期的な取引で利益を挙げ続けようと思うと、こうした人間の自然な心理に逆らい、普通の人とは逆の行動を取らなければなりません。これはかなり強靭な精神力が必要とされます。短期投資で儲けるのが難しい理由がここにあります。このように株式投資に潜む心理の罠は間違いなく存在します。株式投資を始めるにあたっては知っておくべきことでしょう。

したがって、もし短期売買で利益を挙げたいと思うのであれば、最初からまとまった金額で投資をするのではなく、少しずつ資金を投入しながら、実際にこうした不合理に陥りがちな心理を体験していくということが大切なのではないでしょうか。

2. ナンピン買いの勘違い――単なる気休めでリスクが増大

ナンピン買いをしたくなる気持ちはなぜ?

前項で「ナンピン買い」のことをお話ししましたので、ここではこの心理についてもう少し詳しく考えてみましょう。

株式投資で、自分の買った株が下がった場合に、安いところで買い増しすることを「ナンピン買い」と言います。安いところで買うことによって、前の買値と合算して平均すれば購入コストが下がるので、元の買値に戻れば儲かるという考え方です。

実際にかなり多くの人が自分の買った株が下がると、このナンピン買いを行っています。ナンピンというのは漢字で書くと〝難平〟と書き、文字通り株が下がったという災難を和らげるという意味が込められているのではないかと推察します。

ナンピン買いというのは一見、下がった時の合理的な投資行動に思えるのですが、実を言うとこれには投資初心者が陥りがちな心の罠が何重にも張りめぐらされています。なぜ人は自分の持っている株が下がるとナンピン買いをしたくなるのか？　行動経済学で考えてみると、次の理由が考えられます。

①損をするのがイヤ――損失回避

前項でもお話しした通り、プロスペクト理論によれば人は損をするのが極端に嫌いです。したがって、自分の買った株が下がった場合でも損失は先送りしたいという心理が働きます。見通しが違ったと思ってもすぐにあきらめて売ることができないのです。

そこで売るのではなく、「下がって、前の買値より安くなったのだから、買い増しすればいい!」といって自分を納得させる判断に動きがちです。

②自分の買値を基準にする――参照点依存性

プロスペクト理論のもう1つの考え方が〝参照点依存性〟と言われるものです。人は絶対値で良いか悪いかの判断するのではなく、元の数値(これを参照点と言います)からの変化によって心理的な影響を受けると言われています。

本来、売買の判断はあくまでも割高か割安かを基準に考えるべきなのですが、人は自分が買った値段を基準として、売りか買いかを判断しがちです。株が下がった場合の自分の買値が参照値になりますが、これを絶対視するから下がったら割安になったと勘違いをしてしまうのです。

③コストを下げれば安心――認知的不協和の解消

心理学には「認知的不協和」という考え方があります。自分が希望することと実態が合っていない場合、心の中に生じることによる不快感を言います。そしてそれを解消するために事実が変わらない場合、自分の解釈や判断を変えることで心の折り合いをつけるのが「認知的不協和の解消」です。

株式投資で言えば、本来上がることを期待して買ったにもかかわらず、それが下がっている状態というのはとても気分が悪いものです。下がったことによって自分の判断が間違っていたということを認めたくないのです。でも下がっているという事実を自分の力で変えることはできません。そこで「ここで買えばコストが下がるから安心だ」と自分を納得させてナンピン買いをしてしまうのです。

イソップ物語に出てくるキツネとぶどうの話のように、美味しそうなぶどうが実っているにもかかわらず、それに届かなくて食べられない場合、「あのブドウはきっとまずいに違いない」と自分を納得させる心理と同じです。

営業マンも認知的不協和を解消したい

さらに、こうした投資家の心理に加えて、株式投資を勧める営業マンの心理にもまた気がつかない罠が潜んでいます。誤解している人がいるかもしれませんが、営業マンというのは別にお客さんに損をさせてやろうなどという気持ちはみじんもありません。儲けてもらってこそ次の商売もできるので、何とか銘柄を当てて儲けてもらいたいと思っているものです。

ところが相場というのはなかなか思惑通りにはいきません。良かれと思って勧めて買ってもらった株が下がることはよくあります。

営業マンも、自分がお客さんに勧めて買ってもらった株が下がると、投資家同様、非常に心地が悪く、不快な気持ちになります。これもある意味、認知的不協和の状態です。そこで営業マンの気持ちとしては〝お客さんに安いところで買い増ししてもらってコストを下げておけば安心〟という具合に営業マンが自分自身に思い込ませることでこの不安定な心の状態を解消しようとします。

私もかつて証券会社で営業をやっていましたので営業マンの気持ちになって考えてみると、よくわかります。結局、営業マンと投資家の両方の勘違いが共振してしまい、意見が一致してナンピン買いが行われるということになります。

意味のあるナンピン買いと意味のないナンピン買い

このようにナンピン買いというのは投資家と業者の両方について二重、三重に張りめぐらされた心理的な罠が潜んでいます。「ナンピン買い」という言葉だと何となくプロっぽく聞こえますが、要は買い増しです。賭け金を増やしているに過ぎません。確固たる理由もなく、ただ自分の買値より下がったから賭け金を増やすというのは、いたずらにリスクを増大させるだけです。にもかかわらず自分の保有株が下がった時にナンピン買いをする人は結構多いのです。

もちろんナンピン買いはすべて意味がないということではありません。下がったからナンピン買いをした方がいい場合というのは、①最初の買値が適正、であり、その後、②何らかの外部的な理由で下がった、例えばリーマンショックや東日本大震災などの影響で、市場全体の下落に同調して下がった場合であって、企業価値そのものには何ら変わりがない、といった場合は、元の買値よりもさらに割安な値段で買うことができるために積極的に買い増しをしてもいいと思います。

でも多くの場合、投資家はそこまで分析をしているわけではありません。だとするとナンピン買いは単なる気休めに過ぎないのです。むしろ、下がった株を保有することにこだわらず、さっさと売って別の銘柄に変えた方が、ずっと早く損をリカバリーすることができるかもしれません。

株価が下がると、株のことを考えるのも株価を見るのも嫌になるでしょうが、そういう時こそ、なぜ下がったのか、この下げで買い増しする価値があるのか、それとも今後のことを考えれば売ってしまった方がいいのか、と考えるべきです。

あまり深く考えずに安易にナンピン買いをするのは止めた方が賢明だろうと思います。

3. 〝株は5月に売れ！〟は本当か？

不思議なアノマリー

株式市場にははっきりとした理論的な根拠を持つわけではないにもかかわらず、実際によく起きる現象があります。これはアノマリーと言って、以下のようなことが経験則的に言われています。

・月曜日の株高（月曜日は相場が高いことが多い）
・節分天井、彼岸底（2月初めに高値を付けて下落し、3月末には底値を打つ）
・小型株効果（資本金の小さい株は市場平均より高い収益率をもたらすことが多い）

等々明確な理由があるとはあまり言えないものが多いのですが、これらアノマリーにはまったく根拠がないというわけでもありません。例えば「彼岸底」といって、3月下旬に株が下がることが多いのは、日本の場合、3月決算の企業が多いため年度末を控えて株の売りが増えるからということが原因と考えられます。また、小型株というのはまだ歴史の浅い企業が多いため、成長過程にあることから平均以上に収益率が高くなるという傾向もうなずけます。

株は5月に売れ（Sell in May）

そんなアノマリーの中に、「Sell in May, and go away」というのがあります。〝5月に株を売って、あとは相場に近づかないように〟とでも訳すのでしょうか。これは主に米国で言われていることですが、日本でも「鯉のぼりの季節が過ぎたら株は売り」という相場格言があります。実際に検証してみると5月頃に高値を付けて下落し、その後は秋まで低迷が続くという現象がしばしば見られるそうです。確かに日本の場合も最近では2013年や2015年には、その傾向が見られました。

米国の場合はヘッジファンドの決算が5月に多いとか、5〜6月は原油の不需要期に入るからとかさまざまな理由が言われていますが、私はアノマリーの多くは行動ファイナンスの観点から説明できるのではないかと思っています。

それは「多くの人が特定の情報や知見に基づいて同じような行動をするから起きる現象」で、これを「同調伝達」と言います。

例えば、知らない街でどこかでお昼をとろうと思った場合、同じような中華料理店が2つ並んでいたとします。1つの店は長蛇の列、もう1つはがらんとしていた場合、みなさんならどちらに入るでしょう。恐らく多くの人は行列しているお店に行きたいと思うはずです。

この場合は、どちらのお店のほうが美味しいという確実な情報を持っていないために、「行列している」という事実自体を重要なお店の情報として判断することになります。つまり不確実な状態の中で他の人がとる行動に基づいて決める傾向のことを言います。

株式市場の変動というのは常に不確実性のあるものです。どうなるかわからないという不安な状況に陥った時、人はどういう行動を取るか？　というとまず、「他の人はどうしているのだろう？」と考えます。みんながそう思って同じような行動を取るとマーケットはその方向に動いていきます。特にマーケットの上昇が続いたり、逆に下落が続いたりすると、「このまま上がり（下がり）続けるのではないだろうか」という見通しに支配されがちですが、一方では逆に「そろそろ転換点が来るのではないか？」といった気持ちが高まってきます。

いずれの場合も先の見通しは不確実であり、人は不安な気持ちに支配されます。まさにそういう時にマーケットが1つの方向へ動き出すと、雪崩をうってその方向に向かうということは十分あり得ることです。

ところが、株式投資というのは本来、みんなと逆の行動を取らないとなかなか儲からないものです。同調伝達によってそんなアノマリー（5月に高くなる）が起きるということが知られているからこそ、そうならないようにという相場の格言として「Sell in May」があるのだろうと思います。

そして、「Sell in May and go away」には続きがあります。「But remember to come back in September（9月に戻ってきて買うことを忘れるな！）」というもので9〜10月には底を打って上昇に転じるからそこで再度投資しなさいというフレーズです。

実際にあるストラテジストの方にお話をお聞きすると、秋に仕込んで春先に売る半年投資というのは統計を取ってみると、比較的いい結果が出ているそうです。確かに近年のマーケットを振り返ってみると２００８年のリーマンショックが起きたのは10月ですし、２０１１年のギリシャ危機も夏から秋、昔の記憶をたどれば１９８７年のブラックマンデーも10月でした。秋に仕込むというのは結果としては良い成果が出ていたと言えるかもしれません。

さらに言えば、このSell in Mayというのは昔は日本のマーケットにおいてはあまりなかった現象だそうですが、東京市場のグローバル化が進んで売買金額の６割近くを外国人投資家が占めるようになると、昔から欧米にあったことわざが使えるようになってきたということのようです。

人間の心理がもたらすもの

また、晴れの日には株が上がり、雨の日は下がるという冗談のようなアノマリーもありますが、これも実際に統計を取ってみると案外当てはまっているそうです。やはり天気の良い日は気分も高揚し、積極的な投資行動に出るのかもしれません。

株式市場は多くの人が参加して成り立っているだけにそれらの人たちの考えること

や感情によって相場の動きが左右されるのは当然です。アノマリーは必ずその通りになるとは言えないもののあながちまったくの迷信や妄言とは言い切れないのもこうした感情や心理が背景にあるからだろうと思います。

チャートを見て相場の先行きを予想するテクニカル分析は「人間の心理はいつの時代も変わらない」という前提に立っています。過去のトレンドを見るということは今まで人間がどうやって考え、物事を見てきたかを検証することであり、それは将来にもあてはまるという考え方です。行動経済学でもこの考え方がベースになっている部分もあります。したがってアノマリーの数々を見てみると人間の心理がもたらす力を無視できないという考え方には一理あると思われます。

ただ、人間の心理というのはほんのちょっとした変化や振れだけで大きく揺れ動くことがあるというのも事実ですから、これだけで判断するのは危険であると言っていいでしょう。同調伝達によってみんなが同じ方向に向かうから自分もついていくというのは、投資の世界では避けた方が良さそうです。

4. 背中を押してほしい投資家の心理

対面型証券会社は今でも存在感がある

株式売買手数料は自由化されて以降、ずいぶんその水準は下がりました。取引所での取引自体が電子化されて売買執行コストが下がったこともその原因だと思いますが、結果として個人投資家においてはネット証券の売買シェアが高くなってきています。これは若い人だけの傾向というわけではなく、高年齢層においてもネットを使った売買が増えてきています。私が以前いた証券会社でもネットで取引する顧客の多くは60歳以上の方でした。

株式投資をするわけですから一定の資産を保有する人が多いのは当然でしょうし、そうなると必然的に高齢者層が多くなります。またすでに仕事は引退している年齢ですから、結構朝からディスプレイにかじりついて株の売買を繰り返すという高齢者も決して少なくはないのです。

しかしながら一方では対面型の証券会社も一定のシェアを維持しています。株式や投資信託などへの投資を経験したことがない人はやはり人に相談をしないと不安に感じるのでしょうか。自分で勉強して自分で判断する投資家の多くが手数料の安いネット証券を利用する一方、少し手数料が高くても対面型の証券会社を利用しようという人が一定割合いることも確かです。

ところが、第1章の1節「金融機関はプロだと思う勘違い」でもお話したように、対面型証券会社の窓口にいる人たちというのは決して運用のプロでも金融のプロでもありません。彼らの多くは販売のプロ、顧客応対のプロではあってもすべての金融商品にくわしいというわけではないのです。

したがって、対面型証券会社の方々がおっしゃるように「コンサルティング営業」というのは、言葉はきれいなのですが実体はやや無理があります。実際に私もいくつかの証券会社の店頭を訪ねてみて資産運用に関していくつかの基本的な質問をしてみましたが答えられない、あるいは間違ったことを答える人も結構多かったからです。

投資の未経験者、あるいは初心者の方が株のことはよくわからないのでこういう対面型証券会社を訪れるというのであれば、それはしょうがないでしょう。彼らだっていくらプロには程遠いと言っても少なくとも投資初心者以上のレベルぐらいの知識は持っているからです。

ところが面白い現象があります。それは株式投資歴がかなり古い投資家の人でも結構対面型証券会社と取引している人が多いということです。これは一体なぜなのでしょうか？

確証バイアスということ

行動経済学では「確証バイアス」という言葉があります。自分の考えに合う都合の良い情報だけ集めて自分の考えを補強することを言います。対面型証券会社が今でも一定のシェアを確保している理由が実はこの「確証バイアス」にあるのです。

私が証券会社の店頭に座って来店するお客さんの相談を受けていた頃によくこんなことがありました。

顧客：「初めて投資するのだが、何か良い株はあるかね？」

私　：「そうですねえ。何か今お考えのものはおありですか？」

顧客：「いや、特にないけど、例えば○○製作所なんかどうだろう？」

この場合、すでにこのお客さんは「○○製作所」を買おうと決めているのです。そこで念のために意見を聞いてみたいからこうやって尋ねるのです。こういう時に優秀な営業マンは「ああ、それは良いですね！　お客様も良い銘柄に目をつけられましたね。それはきっと上がると思いますよ」と答えてあげます。要はお客さんの背中を押してあげるのです。そうするとお客さんも喜びますし、「親切に相談にのってくれる良い営業マンだ」と感謝されることになります。

逆にその営業マンが自分なりに勉強していてその「○○製作所」があまり良くないと思った場合、仮にそのままお客さんに「ああ、それはダメですよ！」と言ってしまうと、お客さんは極めて不機嫌になるでしょう。いくらだめな理由を力説しても、もうお客さんはほとんど聞く耳を持ちません。確証バイアスに捉われてしまっているため、自分の意見に都合の良いことしか聞きたくないからです。「そうか、また来るよ」でおしまいです。

しかもそれならまだいいのですが、「あの営業マンは不親切だ」とさえ言われかねません。私も若い頃、自分の意見をお客さんに言ったところ、そのお客さんとはまったく意見が逆だったことがあり、議論になったことがありました。もちろん議論と言

って も相手はお客様ですから、あくまでも感情を害されないように冷静に自分の意見を参考として述べただけです。ところが後日支店長のところに「あんな不誠実な営業マンは嫌だ。担当を変えてくれ」とクレームが来たことを覚えています。

対面型営業はカウンセリング?

でもこれは立場を変えて顧客の側に立って気持ちを考えてみるとよくわかります。先が見えないものに対して決断するというのは非常に不安です。その不安を解消するためには誰かに頼りたくなります。そこで相談するのですが、最初から「○○製作所はどうだ?」と聞くのではなく、最初は「何かいいものはないか?」と聞く。ここが微妙な心理です。多くの人はすでに心にバイアスがかかっていますから○○製作所は良いと思い込んでいますので、ひょっとしたら相手も○○製作所を勧めてくれるのではないか、と期待します。

そこで営業マンはすぐに銘柄を言わず、「何かお考えの銘柄はありますか?」と逆に聞いてあげるのです。言わば相手に花を持たせるわけです(笑)。当然お客さんは待ってましたとばかりに「○○製作所はどうだ?」と聞きます。明らかに「良い」と言ってほしいという期待感を持っているわけですから、そこでダメだと言われたら気分が悪いに決まっています。

また、顧客のために良かれと思って勧めた結果、仮にその「○○製作所」とは別の銘柄を買ってもらったとします。その後、その株が上がってもお客さんはどことなく機嫌がよくありません。ましてやもし下がってしまった場合は、相当気分を害してしまうことは明らかです。顧客のためになるアドバイスをと言っても、先の見えない相場のことですし、さらにそこへ顧客心理が絡んできます。これが金融商品の営業における難しい一面です。

確証バイアスによる補強を求めるお客さんにはカウンセリングの基本である「受容」「共感」の姿勢で対応することが必要です。もはやこれはコンサルティングというよりもカウンセリングやセラピーに近いと言ってもいいかもしれません。

そう考えると、こういう相談を求めるお客さんがいる限り、対面型証券会社の手数料がネット証券に比べて高いのもある程度しょうがない気もします。恐らく対面型証券会社という存在は小さくなりこそすれ、なくなることはないだろうと思います。

5. 相場に乗り遅れた人の負け惜しみ

「買いたい弱気」って？

株式市場が活況を呈してくると3通りのタイプの投資家が出てきます。まず最初は強気になって行け行けドンドンで、投資金額をどんどん増やすタイプの人、次に2つ目は、冷静に考えて市場のバリュエーションを判断し、割高であると思ったら様子を見るか、場合によっては売りのポジションを持つ人。この2つのタイプを比べてみると、私の経験ではだいたいにおいて前者のパターンの人は最終的に損をすることが多く、後者のパターンだと大儲けはできなくても比較的安定的に株式で収益を挙げている人が多いようです。

問題は3つ目のタイプの人です。この人たちはひと言で言うと「相場に乗り遅れた人」です。この人たちの特徴は概して〝弱気〟を言うことです。「今はこんなに上がっているけど、そのうち、下がるに違いない」「いつまでもこんな相場が続くはずはない。どこかで必ず下がるはずだ」「もうそろそろ下げは近いぞ」。いずれももっともらしく聞こえます。

面白いことに、相場に関しては「強気」を言う人よりも「弱気」を唱える人の方が何となくカッコ良く見えるのです。少し斜に構えて、どことなくクールな雰囲気を醸し出すからです。ところがこの人たちの本音は実を言うと決して弱気ではないのです。その証拠にもし本当に弱気なのであれば、空売りをするとか、インバース型ETFのように下落すれば儲かるタイプのものを買えばいいわけですが、ほとんどそういう行動は取りません。ただ、「そのうち下がるに違いない」と口で言うだけです。

このタイプの人たちの本音は、実は「まだ上がる」と思っているのです。ところが相場に乗り遅れてしまったために今から買うのは悔しい、そこで今度下がったら買おうと思って弱気を言うのです。昔から相場の世界では「買いたい弱気」という言葉がありますが、まさにこのタイプの人たちは「買いたい弱気」の典型です。なぜそうなるのでしょうか。

ここでも認知的不協和の解消が……

心理学の分野では、アメリカの心理学者であるレオン・フェスティンガーという人が提唱した「認知的不協和の状態」および「認知的不協和の解消」という概念があります。本章の2節「ナンピン買いの勘違い」でも出てきた概念です。

人間が自分の心の中に矛盾する事態を同時に抱えた場合の不快さを表しているのが「認知的不協和」であり、人はそういう状況になって、その状況が変えられないものであると、自分の考えや行動を変えてその矛盾の状態を解消しようとします。これが「認知的不協和の解消」です。前述のようにイソップ物語に出てくる「キツネとぶどう」の話がその典型です。

買いたい弱気の人は、「株を買いたい」という気持ちと「でももう上がってしまって買えない」という矛盾した気持ちになります。さらにこの先もどんどん上がるかもしれないという期待感を持っているため、心の中に強い不快感が生まれます。そこで「きっと下がるに違いない。そうなったら絶対買ってやろう」と思い込むことで認知的不協和の解消を図ります。

で、実際に下がった場合はどうなるでしょう。ここでも2つのタイプに分かれます。まず最初は「予想通り下がった！」とばかりに嬉々としてすぐに買うタイプです。高値から少し下がったところで飛びついて買います。何せそれまでずっと上昇してきた株価を見ながらやきもきしてきたわけですから、下がればすぐに買いたくなります。

ところがここで飛びつくのは早いという場合が往々にしてあります。もし相場がピークを打っているとすれば、少し下がった後にもう一度戻すことが多いです。飛びついて買った人は「ほらやっぱり下がったところで買って正解だ！」と自分の判断が正しかったことに自信を持ちますが、それもつかの間、やがて相場は再び下げに入ります。こういうパターンをインテリ・トラップと言います。

相場が下げ基調に入ったとしても一直線に下げるわけではなく、何度か上昇と下降を繰り返していきます。大事なことはそのトレンドを見ることなのですが、ずっと〝認知的不協和〟の状態にいましたから、そういったトレンドを冷静に見る心のゆとりはなくなっています。結局はピークではないにしてもほとんど高値圏で摑んでしまうという結果に終わるということが起こり得ます。

次に2つ目のタイプです。このタイプの人は下がったからと言ってすぐに買いません。では、1つ目のタイプの人と違って冷静なのかというと、実はそういうわけではないのです。私の見てきた経験では、このタイプは下がったら「まだ下がるかもしれない」と思って手が出せなくなってしまう人が多いのです。そうこうしているうちにまた相場は上がってしまう。そんなことを繰り返しながら相場は上昇していくのですが、だいたいにおいて相場の最後の局面では上がるスピードが速くなります。

こういうタイプの人は心理的な罠にはまりやすい特性を持っているので、最初のうちは〝買いたい弱気〟を口にして冷静に見えていても最後の方で大幅な上昇を目にすると、あせりの気持ちに耐えられなくなり、天井近くで買ってしまうということが起こりがちです。

どちらのタイプも株式投資で一番肝心なこと、〝バリュエーション〟を見極めていないということが決定的な敗因になります。わかりやすく言えば、株価がその企業の価値に比べて高いか安いかという判断をせずに単純に株価の位置だけで判断します。だから〝買いたい弱気〟という心理が出てくるのです。

買わずに上がってしまった場合の〝買いたい弱気〟とは逆に、買った株が下がった時の〝売りたい強気〟という心理もあります。ここでも冷静に価値を見極めることなく、自分の買値だけを気にしているために根拠のない楽観的な見通しを立てて、損切りのタイミングを逃してしまうということになりがちです。

相場で最もやってはいけないことというのは感情に流されることだと言いますが、常に自分の基準を持って割高、割安という判断ができれば、いたずらに感情に流されることは少なくなるでしょう。とは言え、このように認知的不協和が生じるのはある程度やむを得ません。

大事なことはその不快な感情から逃れるために無理にその解消を図るような行動を取らないということではないでしょうか。

6. みんなどうしてる?——不思議な心理

人にアドバイスを求める心理

投資と言うものはあくまでも投資家一人ひとりが自分の判断で決めるものであるこ

とは言うまでもありません。

ひと頃、「投資クラブ」というのがあって、グループで投資の判断を話し合うというかたちが流行った時期もありましたが、最近はあまり聞きません。投資について多くの人が集まって勉強会を開いたり、自分の体験を語り合ったりするのは悪いことではありませんが、やはり最終的な投資判断は誰にも委ねることはできず、自分で決めるしかないのは当然ということなのでしょう。

ところが実際には投資家が、投資判断を人に任せたり委ねたりするケースがしばしば見受けられます。営業マンのアドバイスに従って売買する、あるいは株式評論家の意見を聴いて判断する。雑誌の袋とじ銘柄を買う。こうしたありがちな一連の投資行動は本来なら自分一人の判断で行うべきであるという原則からは外れるものの、投資という不確実な選択を行わなければならない人間にとっては、ある程度やむを得ないと言えるでしょう。

人間は誰しも「後悔回避・損失回避」を求める気持ちがありますし、「情報負荷による思考停止」によって、難しい判断を自分で行うことを避けたい気持ちになりがちだからです。ついつい人に投資判断の決定を委ねてしまうことは往々にしてあり得ることです。

そんな投資家の行動の中にはしばしば不思議な現象が見られます。

私が証券会社で営業していた頃の話なのですが、お客さんに勧めて買ってもらった株がかなり上がってきたことがありました。私はそれらの銘柄を保有している複数のお客さんに電話をして、売るかどうかの意向を聞いてみたのです。ほとんどのお客さんは、「そうか、だいぶ上がってきたからねえ、君はどう思う？」と意見を求められます。最終的に売るかどうかの判断はお客さんのはずですが、一応担当する営業マンの意見も聞いておきたいという心理です。これはよく理解できます。

群れに従う心理

ところが中にはこういうお客さんもいます。「これを買った他の人はどうしてるの？」

「……」これには答えに窮します。なぜならお客さんによって買値は一人ひとり違いますから、当然判断が違ってくるのは当たり前です。みんなで一斉に買って一斉に売ることなど普通はあり得ないはずなのですが、どういうわけか、他の投資家の動向が非常に気になるのです。

ある時など、こんなことがありました。かなり上がっているので利益確定の売りを提案したところ、「そんなうまいこと言って売らせて手数料稼ぎをしようと思ってるんだろう。それには乗らんぞ」と言われました。そこで、「わかりました。まだ保有されるということですね。ただ、手数料稼ぎとかではなくて、私のお客さんでこの銘柄を持っている人からかなり売り注文が入ってきたので、そろそろ売り時かと思ってお電話したのです。すみません、失礼しました」といって電話を切ろうと思ったところ、「ちょ、ちょっと君、待ちたまえ。みんな売ってるのか！　どうしてそれを先に言わない。私の株もすぐに売ってくれ！」。

これは実に面白い心理です。株のバリュエーション、自分の買値、マーケットの地合い、今後の投資戦略、そういうものは一切関係なく、〝みんなが売っているのなら自分の株も一緒に売ってくれ〟というのは一体どういうことでしょう。これは「ハーディング現象」といって、みんなと同じ方向に動くことで安心するという心理です。日本人は他の国の人に比べると特にこの傾向が強いと言われています。

人の行動自体が情報となる

また、もう一方の観点から見ると他の人の行動を参考にするというのは、「同調伝達」という現象とも見て取れます。同調伝達というのは自分で判断するに足り得る情報を持っていない場合に他の人と同じ行動をすることによって安心するという心理です。本章の3節「〝株は5月に売れ！〟は本当か？」で紹介したような中華料理店で行列してしまう心理を言います。株の場合も同様で、「他の人が売っている」という情報自体が売買判断の基準になってしまうという面白い心理だろうと思います。

本来株式投資というものは人と同じことをしていては儲かりません。むしろ逆のことをしないといけないのですが、これはなかなかつらいものです。相当強い意志の力がないとできません。人間は弱いですから、ついみんなと同じ行動を取ってしまいがちになるということなのです。

株式投資の経験の無い人の多くは「そんなバカなことがあるのだろうか？」と思われるかもしれませんが、実際にこういうことはよくあります。心理ゲームとしての株式投資の面白さ、恐さがここにあると言っても良いかも知れません。

とは言え、投資の判断というのは「どっちの中華料理屋に入った方がいいか」というレベルのものではなく、判断の結果によっては極めて重要な結果をもたらすものです。他の人がどう行動しているかということにはあまり振り回されない方が賢明ではないでしょうか。

7. 今度だけは違う

現状維持バイアスが引き起こす「今回は違う」

上昇相場の時も下落相場の時も同じトレンドが続くと必ず「今度だけは違う」という評論家やアナリストが出てきます。営業マンもお客さんに同じようなことを言って株の売り買いを勧めます。何が違うのか？　それは相場のスケールや、値幅が今まで経験したことのないような大きな動きになるぞ、と言っているのです。

実際、1980年代の終わりにバブルが頂点だった頃、巷には「今世紀中は株が下がることはない」とか「来年（1990年）には日経平均は5万円を超える」といった勇ましい声が溢れていましたが、結果はご覧の通りです。当時は「今までの投資尺度では測れない」ということでQレシオという土地の含み資産を加えた指標まで登場して株高の説明をしたものです。

これは上がる時だけではなく、下がる時も同じです。例えば上昇相場の時は、「今までとはまったく流れが違う、環境も様変わりだし、政策も力強い。今度だけは違う！　未曾有の大相場がやってくる」と言います。逆に下落相場の時は「今度だけは違う！　売りはますます広がり、阿鼻叫喚の様が出現する。早く売っておかないと大変なことになる」といった具合です。

面白いことにこれは日本に限った話ではなく、米国でもTTID（This Time Is Different）と言って、同じように極端な上昇や下落が続く場面では必ず出てくる言葉のようです。数年前にもラインハートとロゴフという2人の米国人経済学者が「This Time Is Different」という言葉そのもののタイトルの本を出しています。

では、なぜこういう言葉が出てくるのかと言えば、これは行動経済学で言うと典型的な「現状維持バイアス」、それもかなり強いバイアスがかかってしまうからです。

現状維持バイアスというのは今の状態を変えることに不安を覚える、現状を変えたくない、という心理です。そこから今の状態があたかもずっと続くかのような錯覚を覚えることを言います。それが仮に相場予測において作用すると、1つの方向にトレンドが向かうと確信してしまいがちになるのです。そこから「今回だけは違う」という言葉が出てくるのでしょう。

例えば2008年の秋に起こったリーマンショックの時はマスコミなどでも「百年に一度の危機」と声高に騒がれました。私は過去40年以上にわたって株式相場を見てきましたが、あれぐらいの期間であれぐらいの下げは少なくとも4回は経験していま す。百年に一度どころか十年に一度ぐらいの頻度で頻繁に起こっていることです。あの時も同じように「今回は違う」という言葉が出てきましたが、他の下落相場の時同様、しばらく時間が経てば戻ってきました。ところが私のように過去にこうした経験を何度もしている人間ですら、やはり大きな下落に見舞われたり、大幅な上昇に直面したりすると、「ひょっとしたら、今回は違うかも?」と思ってしまいます。

だからこそ人は同じ過ちを何度も繰り返すということになるのでしょう。

熱狂と絶望のはざまで

昔から評論家の中には相場に対して常に強気や逆に弱気の見方をするタイプの人はいますし、極端な意見を出す人もそれなりにいます。

例えば以前から1ドル＝50円説を唱えるエコノミストもいますし、今なら数年のうちに日経平均は高値を更新して4万円台になる、という評論家もいます。だいたいにおいてマスコミなどでも取り上げられがちなのはこういう極端な意見の持ち主が多いものです。その方が読者にとっても面白いし、記事としての価値もユニークなものになりやすいからです。まあ言わば一種の〝芸風〟と言ってもいいかもしれません。

こういう人たちについては、誰もがその芸風を知っていますから極端なことを言ってもあまり影響はないのですが、普段は比較的地味なアナリストや評論家までが、大真面目に「今度だけは違う」と言うようになると、一般の投資家は「ほう、そうなのか！」とつい思ってしまいます。「現状維持バイアス」というのは誰もが陥ってしまう心のクセですから、アナリストや評論家としての能力が優秀かどうかは関係なく自分の調査や見方に対して自信を持っていればいるほど、陥りやすくなってしまいます。

米国の著名な投資家、ジョン・テンプルトンの有名なことばに「相場は絶望の中に生まれ、懐疑のうちに育ち、楽観の中で成熟し、熱狂と共に終わりを迎える」というのがありますが、これは至言だと私は思っています。上昇相場の時はまさに〝熱狂〟の時に「今度だけは違う」が出てきますし、逆に下落相場の時は、〝絶望〟の時に同じ声が登場することになります。私が40年にわたって株式市場を見てきた中で数限りなく、同じタイミングで同じ声を聞いてきました。

相場の逆指標

したがって、逆に言えば、この「今度だけは違う」を相場の逆指標にすればいいのかもしれません。すなわち上げ相場でこれが出てくれば、そろそろ天井が近いと考えるべきでしょうし、逆に下げ相場で出てくれば間もなく底値になるシグナルだということですね。現に私の知っている個人投資家の中には、色々なアナリストや評論家のコメントを丹念に拾ってこれに近いニュアンスの言葉が出てくれば転換点は近いという判断に基づいて売買し、結構儲けているという人もいます。

相場というものは永遠に上がり続けることもなければ、永遠に下がり続けることもありません。しかしながらいざ上昇や下落が続くとそれまで冷静に見ていた人までが「ひょっとしたら今度は違うのかな?」と思い始めるのが人間の心理の怖いところです。

本来、株式というものは全体のトレンドもさることながら、個別企業自体が持っている本源的価値が増えていくかどうかを判断して、売りか買いか、あるいは保有継続かを決めるべきものだと思います。全体がどれほど上がっていても割安な株は存在しますし、逆にどれほど下がっていたとしても割高になっている株というものもあります。トレンドに流されるのではなく、個別の価値をしっかりと判断することが必要だと言えるでしょう。

トレンドに沿って売買をするということが決して悪いとは言いませんが、ややもすれば心理的な罠に引っ掛かりやすいということには注意しておくべきだと思います。

8. 自分の買値にこだわる残念な心理

〝下がっても売れない〟のはなぜか？

株式投資において、買値、すなわち自分が買った値段を気にするあまり、不合理な意思決定をしているケースがよく見られます。典型的なパターンは下がってもなかなか損切りすることができないということです。結果としてずるずると損失を拡げてしまうということはよくあります。なぜこういうことになってしまうのかを行動経済学の観点から考えてみましょう。

そもそも、株を買うというのはこれから値上がりすると思うからですが、意に反して値下がりすることもままあります。先のことは誰もわからないのですから、下がったからといってあせる必要はありません。大切なことは下がった時に、なぜそうなったかというその理由を考えることです。その企業の収益見通しが悪くなったか、あるいは将来の成長期待で買われ過ぎていたものが、本来の妥当な価格水準に戻ったのか。

はたまた企業自体には何ら変化はないものの相場全体の地合いが悪かったり、東日本大震災のような突発的な大事件でどの株も同じように売られてしまったりということなのか。つまり大きく分けると、その株自体の理由で下がったのか、それとも市場全体の影響を受けて下がったのか、ということでしょう。

前者の場合は買った時に比べて明らかに状況が変わってきたわけですから、売った方が良いと判断するのが合理的です。後者の場合はいずれ回復するのであせって売る必要はないと考えるべきです。ところが実際に見ると多くの投資家は逆の行動をしていることが多いようです。前者の時はなかなか売れず、後者の場合はあせって売り急ぐといった判断をしがちなのです。

たしかに後者の場合、パニック心理になって売るというのは何となくわかります。リーマンショックや震災の時などはあまりにも大きなインパクトなので判断できなくなり、とりあえずは危険回避の心理が働いて売っておこうという行動を取りたくなるからです。では前者の場合はなぜ売ることができないのでしょう?

損失回避の心が惑わす

その理由は2つあります。

1つは行動経済学のプロスペクト理論でいう「損失回避」の心理です。下がった時点で売るということは、損失を確定することになりますから、心理的に売却を躊躇することになります。この心理は本章の最初に出てきた「なぜ株式投資は十勝一敗でも損をするのか」のところで詳しくお話しました。

結果としてずるずると持ち続けて下がってしまうことが多いのですが、これに加えて下がってイライラする気持ちを解消しようという心理が強く働きます。それが、「ナンピン買い」という行為となります。でも前述のようにこのナンピン買いという行動は、いわば賭け金を増やすことに他なりません。確固たる勝算もなしに無謀な賭けに出てしまうのは単にリスクを増大させるだけです。これもプロスペクト理論では「損失が発生している時には賭けに出たがる」という人間の心理をよく表しています。

これは日常生活でもありがちです。競馬に行って、その日負け続けると最終レースでは大穴を狙いにいったり、麻雀で負けが込んでくると大きな手を作りに行ったり、といった心理です。いずれも結果は見えていることが多いです。

基準値がもたらす心の呪縛

そしてさらに厄介なのは、2つ目の理由、自分の買値を〝基準値〟にしてしまうことです。これはどういうことかというと、売るべきかどうかの判断を自分が買った値段よりも高いかどうかで決定してしまうということです。今の株価は、自分の買った値段よりも安いから売れない、という気持ちはよくわかりますが、これは決して合理的な判断とは言えません。

前述のように、なぜ下がったのかという理由を考えるべきで、もし仮に業績が悪化したことが理由である場合は、さらに下落が続く可能性もあるのでいったん売却しておいた方がいいことが多いのです。

ところが現実にはなかなか売ることができません。これは売買の基準値が自分の「買値」になってしまっているからです。よく言われることですが、市場はあなたが買った値段のことなんか知らないし、誰も気にもしていません。そして〝株〟もあなたに買われているということは知らないのです（笑）。つまり自分の買値を売買判断の基準にするというのは感情的にはわからないでもないですが、まったく論理的ではないということです。

そして、これは売る時だけではなくて買う時にも起こります。過去に見て覚えていた株価よりもかなり下がっていると、よく調べずに買ってしまうという投資行動です。買う時も単純に安いから買うのではなく、割安だから買うべきなのですが、ここでも自分が覚えている価格を基準値にしてしまい、それに影響を受ける投資家の心理が見て取れます。俗に言う「高値覚え」、「安値覚え」という心理状態です。

株式投資で成功している人に話を聞くと、「株は買った途端に自分の買値のことは忘れなさい」と言います。株価というものがフェアバリューで判断すべきであるにもかかわらず、つい「自分の買値」を基準に考えてしまうという失敗の経験をした人だからこそ、そうならないようにするために戒める言葉なのだろうと思います。

「基準値」というのは株式投資に限らず、日常の買い物やちょっとした判断の際にも心に大きな影響を与えます。日常生活では少々高い買い物をしてしまったということがあったとしてもそれほど大きな影響はありませんが、株式投資のように価格変動のあるものは余計、心理的な振れが増幅され、結果としては大きな損失を招きかねません。

このように基準値に影響を受けてしまうことなく、冷静に投資価値を判断するということが大切ですね。

9. 株を始めるにはいくらぐらいの金額でやればいいか？

1年で3分の1の資産を失う

私はFPではありませんので、個人からの個別相談は一切受けていないのですが、それでもセミナーに参加した人などから、いろいろな質問を受けることがあります。2014年の秋頃から特に多くなってきた質問の1つに「株を始めたいと思うのだけど、どれぐらいの金額でスタートすればいいのだろうか？」というのがあります。

この場合によく出てくる答えは「それは人によって違います。自分のリスク許容度に合わせて決めればいいのです」というものです。FPの人なども一般的にはこういう回答をすることが多いようです。もちろんこれはその通りなのですが、これではあまりにも抽象的でわかりにくいと思います。聞きたい人はもう少し具体的な答えを求めているのです。

この質問に対する答えとして「人によって違います」というのは正しい答え方です。問題はどう違うのか、その基準をどうすればいいのか、ということです。これについては汎用的で明確な基準があるわけではないのですが、私はいつもこう答えることにしています。「1年で自分の投資した金額が3分の1ぐらい減っても生活に支障が出ないぐらいの金額にしなさい」。

なぜこのように言うかと言えば、1年で3分の1ぐらい下落することは十分ありうることだからです。個別株はもちろんのこと、日経平均でもそれぐらいの下げは起こり得ます。

リーマンショックの時、「百年に一度の下げ」と言われました。でも単純な下げ幅だけから言えば、〝百年に一度〟というのは嘘です。私は1974年から40年以上にわたって、日本の株式市場を見てきていますが、百年に一度どころかあれぐらいの下げはしばしば起こりました。

第一次オイルショックの時、1989年に付けた高値の後のバブル崩壊の1年、97～98年のアジア通貨危機とそれに続くロシア危機、2000年のITバブル崩壊後の下落、等々、こうした大きな下落の中にはリーマンショック以上の下落をしたケースもあります。

期間の取り方で下落率は多少の差がありますが、おおむね30～40%程度の下落は少なくとも私自身4回は経験しています。ぴったり10年ごとというわけではありませんが、40年間で4回ですから、要はこれぐらいの頻度では今後も十分起こりうるし、しかもそれがいつ起こるかは誰もわからないということです。つまり株式投資を始めた途端に大暴落に遭ってお金の3分の1程度を失ってしまうということは十分ありえるのです。

リスク耐性が一番大切

このように、〝1年に3分の1の下げ〟というのはいつ起こってもおかしくないのだから、もしそうなったとしても生活に支障がない範囲で投資すべきだというのが私の意見です。これは金銭的な意味だけではありません。資産の大幅な下落によって精神的に大きなダメージを受けることで生活に支障が出るという意味も含めての話です。

では、具体的にどれぐらいの金額が「生活に支障のない範囲」なのかと言えば、これは人によって違います。でもどういう基準なのかははっきりしていて、その人の「リスク耐性」、すなわち価格の下落にどれぐらい耐えられるか、という性格の問題です。

本来、リスク耐性は保有する金融資産が多いほど高いはずなのですが、面白いことに資産の多い少ないは必ずしも関係がありません。金融資産が1000万円の人でも200万円の損失に耐えられる人もいれば、1億円持っていても100万円の損に耐えられないという人もいます。やはりその人の性格による部分が大きいのです。

リスク耐性があまり高くない人がいきなりまとまった金額で投資を始めて大きな下げに見舞われると、心理的なパニック状態に陥りかねません。あせって取り返そうと思い、さらに大きなお金をつぎ込んでいくうちに損が大きくなっていくという可能性も十分あります。

残念なことに「リスク耐性の大きさ」と「儲けたいという欲の大きさ」は必ずしも比例しません。リスク耐性が小さいのに欲だけは深いという人もたくさんいます（笑）。そんな人ほど大きな下落に遭った時の心理状態は極めて不安定なものになってしまいます。そしてそういう事態はいつでも起こります。なにしろ、〝1年で3分の1がなくなってしまう〟という事態は百年に一度ではなく、いつでも起こりうる可能性があるのですから。

よく「無くなってもいいお金で株式投資をしなさい」という人がいますが、〝無くなってもいいお金〟なんかあるはずがありません。もう少し具体的に、「自分がどれだけの損失に耐えうるか」ということを考えるべきです。

経験がリスク耐性に気づかせてくれる

人間の記憶というものはすぐに薄れてしまいますから、たまに大きな下落が起きると、〝すわ、百年に一度の下げ〟などと思ってしまいますが、これも心理的なバイアスの1つです。気をつけなければいけないのは、「あのような下げは百年に一度なのだから、今後はそうそう起こることではない」と考えてしまうことです。そう考えて市場を甘く見ていると手痛いしっぺ返しを食います。あれぐらいの下げはいつでも起こりうるのだという覚悟を持っていた方が良いと思います。そしてそうなった時に自分はそれにどれぐらい耐えられるのか、そのシミュレーションをしておくことが大切でしょう。

とは言え、これは頭の中で考えてもできることではありません。実際に自分が投資をして損の状態を経験しないとどんな気持ちになるかはわからないはずです。したがって、若い時から少しずつコツコツと積立て投資を行うことは自分のリスク耐性を知る上でも大切な事だろうと思います。恐らく下落した時は投資をやめたくなるし、上昇すると金額を積み増ししたくなる。そういった不合理な行動を起こしたくなる心理に耐えることも大切だと言えるでしょう。

手持ちの資金を目いっぱい投資する、いわゆるフルインベストメントというのは機関投資家にとっては必要でも個人投資家が真似してやる必要はありません、いやむしろ投下する資金は常に少なめにして、キャッシュ比率を多めにしていてちょうどいいぐらいかもしれません。自分の性格や陥りがちな心理状況をよく考えた上で自分の「リスク耐性」を見極めて投資金額を決めていくことが大切ですね。

10. 年末にやってみる投資戦略

単純な作業

私の友人は毎年年末になると、決まってある作業をします。それはその1年間に最も下がった株を調べるのです。これは多くのマネー誌や新聞などで年間の騰落ランキングなどの記事が出ますから、比較的簡単に調べられます。そうやって調べた下落銘柄の中から上位5銘柄を選んで翌年の初めに買うのです。極めて単純な作業で、基本的にやることはたったこれだけです。

まあ実際には相当内容が悪い会社もありますから機械的に下落率上位5銘柄を買うというわけではなく、あまりにも内容が悪い会社は除外するようですが、それでも基本は単純に下がったものを買うというそれだけの方法です。ではそうやって買った銘柄をいつ売るのかというと、彼はルールを決めていて翌年1年以内に3割上がったら売るそうです。その後いくら上がろうがまったく気にしない。で、もし3割まで上がらないかあるいは下がったとしたらいくらであろうが、1年後には全部売るというやり方です。

そんな簡単な方法で儲かるのか？ と思いがちなのですが、この友人はこの投資方法をもう何年もやっていて、結構良い成績を上げていると言うのです。こういうやり方はリターン・リバーサルと言って、典型的な逆張りと言われる方法です。わかりやすく言えば上がったものはいつか下がるし、下がったものはいつか上がるという考え方に基づくものです。

もちろん、こういうやり方で必ずしも儲かるというわけではありません。中にはひょっとしたら破綻してしまう会社も出てくる可能性がありますから、それなりのリスクは覚悟しておかなければなりません。しかしながら、私の友人に限らず似たようなやり方で儲けている人は少なからずいるようです。

また米国でもこういう単純な投資法はある程度行われているようです。例えば「ダウの犬（Dogs of the Dow）」という投資戦略があります。これは先ほどの方法とはやや異なります。単純に下落率が上位の銘柄を選ぶのではなくて、ダウ工業株30種平均の採用銘柄の中から、配当利回りの高い順に10社を選んで投資し、1年後に売却することを繰り返すというものです。配当利回りというのは「配当÷株価」ですから配当が一定であれば分母の株価が小さい（=安い）ほど利回りは高くなります。つまりこれも安くなっている株を単純に買うという意味では同じです。実際にこのダウの犬戦略を取ることで市場平均を上回ることができたという例も多く検証されています。

順張りか逆張りか？

前述のリターン・リバーサルというのは「下がったものはいずれ上がる」という考え方に基づくものですが、この現象自体はアノマリーと言われていて、資産運用の理論ではうまく説明できません。ところが心理学で考えると容易に説明がつきます。

心理学における実験によれば、人間は予期されていない情報や劇的な出来事に対して過剰に反応する傾向があると言われます。これを株式市場で考えると、相場に何らかの好材料や悪材料が出ると、投資家はそれらの情報に過剰反応して、株価は妥当な価値から乖離《かいり》して行き過ぎた水準となる傾向があるということです。その結果、想定以上に大きく上昇したり下落したりするのです。

そしてその後しばらくすると、冷静になって本来あるべき水準に戻ってくる。売られ過ぎたり買われ過ぎたりしたものが元に戻るという現象が起きるわけです。リターン・リバーサルというのはその戻りを狙う戦略です。前述の友人も個別の株価の上げ下げを追うのではなく、単純に下げ過ぎた株の戻りを1年単位で取りにいくということです。

昔から相場の格言でも「人の行く裏に道あり　花の山」と言われるように、誰もが見向きもしなくなっている株に投資するというのはある意味、投資の王道と言えるかもしれません。

実際に、投資で成功した人を見てみると、ウォーレン・バフェットやジョン・テンプルトンなど、やはり逆張り型の投資家の方にどうも分があるような印象があります。もちろんやり方はそれぞれ違います。バフェットの場合は単に安い株を買うということではなく、企業価値が増大していく企業が何らかの理由で割安になった時に買うやり方ですし、テンプルトンはボロ株で二束三文同然の値段の時にそれらの株に分散投資して成功しました。友人のように単純にその年に一番下がった株を買うというシンプルな方法もありますし、ダウの犬戦略のように選定の基準を配当利回りに求めるというのもあります。

もちろんこういう逆張り的な投資方法がどんな場合でも必ずうまくいくということではありません。「トレンド・フォロー」と言って、上昇相場が続く時はその流れに乗って順張りで買っていく方がうまくいく場合もあります。一般的な傾向としては、短期的な利益は順張りでいった方が儲けやすい代わりに高値掴みのリスクがある反面、逆張りだと時間がかかるという難点があります。これはその時の相場の状況に応じて使い分けるか、あるいは自分が得意な方法を選ぶか、どちらでもいいと思います。

プロのファンドマネージャーはどんな環境でも常に運用を続けなければなりませんから、相場状況に応じて巧みに使い分けることが求められます。ところが個人は必ずしも無理して相場に付いていく必要はありません。自分の得意なパターンに合わない相場であれば休んでいればいいのです。

友人は今年も恐らく下落株を探して買うでしょうが、来年果たしてうまくいくかどうかはわかりません。でも彼のように年末の楽しみに買うべき株を探し、あとは1年間ほったらかしというのも個人投資家の投資法の1つですし、個人投資家ならではの特権のような気がします。個人の株式投資は決して無理をせず、自分の得意なやり方で行った方が良いということですね。

［第４章］

投資信託は知らないことがいっぱい！

この章では投資信託で運用する場合の勘違いについてお話をしたいと思います。

株式投資が心理ゲームという側面があるために、さまざまなバイアスに陥りやすいというのは前章でおわかりいただけたと思いますが、刻一刻と価格が変動する株式のようなものでなくても心理バイアスに陥りがちな金融商品はあります。それが投資信託です。

投資信託というのは株式や債券のような原資産と違って、人の手が加えられて加工されたものです。それだけに余計に心理的な罠を仕掛けるチャンスがあるのです。例えば最近では、単純に指数に連動するタイプの投資信託だけではなく、為替ヘッジやオプションを組み入れた運用を行うタイプのものなど、かなり複雑な仕組みのものが増えてきました。

金融商品というのは仕組みが複雑になればなるほど、リスクや手数料が見えにくくなります。結果として投資家は余分なコストを負担して十分なリターンが得られないということになりがちです。

また、投資家自身が勘違いに陥っている場合もあります。分配金や費用の仕組みをよく理解しないままに単純に「分配金は多ければ多いほどいい」あるいは「どんな費用でも少なければ少ない方がいい」と思っていると足元をすくわれかねません。正しく理解することはとても大切なのですが、行動経済学で心理的に陥りがちな不合理とならないよう注意することも大切です。本章ではそういう例が登場してきます。

投資信託というのは投資を始める人にとってはとても良い仕組みのものですし、これからもおおいに拡大していってほしい金融商品です。それだけに投資家自身が正しい知識を持つと同時に陥りがちな心理を理解した上で、購入してほしいと思います。

1. 投資信託の分配金に対する大きな誤解

目の前の利益を早く取りたい心

投資信託の中には分配金が支払われるタイプのものがあります。その中でも特に、分配金が毎月支払われるタイプのものが非常に人気を集めています。ところが、分配金を受け取るというやり方は資産形成をする上ではあまり良いやり方とは言えません。

問題点は3つあります。まず1つ目は分配金を受け取ることによって課税されてしまうということです（中には元本払戻金といって課税されない場合もありますが、これは元本の一部を取り崩しているので運用益から支払われるものではありません）。無分配であれば運用の途中で課税されることはありません。運用で収益が出てもその増えた分は課税されないまま運用に回されるため、ファンド全体としては効率的に増やすことができます。にもかかわらず、分配金を受け取ってしまうことによって資産を効率よく増やすことができなくなる、というのが2つ目の問題点です。

そして3つ目の問題点、それは分配金をもらったら、つい使ってしまいがちになるため、運用の結果、どれくらい増えたかがあいまいになってしまうということです。

こうした毎月分配型投信の人気は、行動経済学で言う「双曲割引」という概念で説明できます。人は将来得られる利益よりも、目の前の利益に魅力を感じる傾向があります。長く持っていればもっと大きなリターンが手に入るとわかっていても、すぐにもらえるお金に価値を感じてしまう。専門用語では「時間割引率」が高い、ということになります。わかりやすい言葉で言えば、「せっかち」ですね。

つまり遠い将来の老後に備えるために、旅行や買い物など、現在の楽しいことを我慢することは難しいということです。アメリカではクレジットカードの借入残高が多い人ほど肥満率が高いというデータがあるそうですが、どちらも欲求を自制することの難しさを表しています。

また、小学校の時に夏休みの宿題を前倒しして最初の1週間でやってしまうタイプと最後の1週間で追い詰められてやるタイプ、これも同じ原理ですが、世の中は比較的、後者の人が多いと思います。

毎月分配型投信を購入するのは恐らく後者のタイプの人でしょう。本来、資産形成にふさわしいのは、長期にわたって運用による利益は受け取らず、再投資に回すことで複利効果を得るやり方です。

ところが、何十年も先の不確実な利益のことを想像するよりも目先でもらえる分配金の方が現実的で、よりうれしく感じるのは人間のごく自然な感情です。ダイエットによって1年後にスリムになった自分の姿を想像する喜びよりも、目の前にある美味しいショートケーキの魅力の方が大きいに違いありません。毎月分配型投信に人気が集まるのはこういう理由だからです。

投信の分配金と預金の利息を同じと考えてしまう

ところがこうした心理もさることながら、どうも多くの投資家は「投信の分配金」についてそもそも大きな誤解をしているような気がします。これは行動経済学で言われる「メンタルアカウンティング（心の会計）」が作用していると考えられます。

メンタルアカウンティングというのは同じお金でも出所や使い方によって感じ方が違うことを言いますが、どうやら投信の分配金の場合は預金の利息とは明らかに違うものなのに同一視してしまうというところに問題があるような気がします。

では具体的に考えてみましょう。投資信託という商品は多くの人からお金を預かってファンドを作り、専門家である運用会社にその運用を委託する仕組みです。利益が出ても損失が出てもそれはすべて投資家（投資信託では受益者というが）のもので、ここが預金と違う極めて重要なポイントなのです。

銀行預金というものは銀行にお金を預けているのではなく、預金者が銀行にお金を貸しているのです。銀行は預かったお金を企業に融資して利ザヤを稼ぐわけですが、それによっていくらたくさん稼いでも預金者に利息と元本さえ払えば、あとの儲けは全部銀行のものです。逆にその企業が倒産して回収できなくても預金者にはちゃんと元本と利息は払わなければなりません。つまり預金者から借りたお金を運用するリスクは銀行が負っているのであって、預金者に約束した利息は銀行自身の勘定から支払われます。

ところが投資信託の場合、投資家は運用会社にお金を貸しているのではなく単に手数料を払って運用を委託しているだけですから、出た利益や損失はすべて受益者（投資家）のものです。リスクを負っているのは受益者です。投資したお金も銀行のようにバランスシートに負債として計上されるわけではなく、あくまでも信託財産として別途に管理されています。つまりどこまで行っても投資信託の場合、信託財産はすべて投資家のものなのです。

したがって、銀行自身の勘定から支払っている預金の利息と違い、投資信託の分配金の原資は受益者の資産です。つまり投資信託の分配金が支払われるかどうかは、言わば自分のお金を引き出すかどうかという、ただそれだけのことなのです。分配金が多いということはファンドというポケットからたくさん支払われて別の自分のポケットに入るということであり、少ないというのはファンドのポケットにたくさん残高が残っているということなのです。

多くの人が勘違いしているポイントがここにあります。それまでなじんできた銀行預金の〝利息〟という感覚で投資信託の分配金を見てしまっているのです。したがって利息と同様、分配金も多ければ多い方がいい、というふうに勘違いをしてしまいます。これがまさにメンタルアカウンティングなのです。実際には分配金が多いから受益者には得、少ないから損というわけではありません。

その証拠に、分配金が支払われると必ず投資信託の基準価額はその分だけ下がります。ファンドの資産から支払われているのですから、これは当然のことです。ところが投資信託協会が2014年7～8月に実施したアンケートによれば、「分配金の特徴認知状況」という項目において、〝支払われた分だけ基準価額が下がる〟ということを知っている人の割合は、31・2％にしか過ぎません。つまり約7割の人は分配金が支払われると基準価額が下がることを知らないということなのです。恐らくかなり多くの人が銀行預金の利息の性格と分配金の性格を混同してしまっていることが容易に想像できる数字です。

分配金をもらうと嬉しいという人が多く存在するのは事実ですし、その気持ちも理解できますが、目先の現金がもらえるという喜びだけを追いかけていると長期にわたって増えるはずの資産が増やせなくなるということになりかねません。こうした構造の違いをしっかり認識して注意することが必要ではないでしょうか。

2. 投信の〝基準価額〟は〝判断基準〟ではない

基準価額が高い？

投資信託には基準価額というものがあります。これは「投資信託の純資産総額を総口数で割った1口あたりの価額」で、平たく言えば投資信託の値段のことです。投資信託というのはさまざまな株式や債券を組み入れて運用していますので、組み入れている証券の価格が上下するにつれ、この基準価額というのは毎日上がったり下がったりします。

ところが多くの人がこの基準価額のことを誤解しています。どういうことかと言えば、基準価額が高くなると割高、安いと割安、もっと具体的に言えば基準価額が1万円以下なら買い！　2万円を超えているようなものはとても買えない！　といった具合に基準価額の高安を判断基準にしている人が多いということです。

例えばAというファンドとBというファンドがあって、Aの基準価額が1万5千円、Bの基準価額が8千円だとします。かなり多くの人が8千円のBの方が割安だと考えてしまい、「1万5千円もする高いAのファンドはとても買えない！」と判断してしまっているのです。

しかしながら、これはまったくナンセンスです。投資信託の基準価額はスタートした時のマーケット環境に大きく左右されます。この数年の例で言えば2007年、日経平均が1万8千円の頃にスタートした投資信託と、リーマンショックの後の2009年に8000円くらいの時にスタートした投資信託とでは現在の値段に大きな差があるのは当たり前です。

当然高い時にスタートした投資信託の方が基準価額は大幅に安くなっていますが、これは単に設定された時の環境が高いか安いかだけで、投資信託自体の運用の巧拙には何の関係もありません。もちろん投資信託自体には株式と違ってフェアバリューなどというものはありません。相場全体の水準が高いというのであれば、基準価額には関係なく、AのファンドもBのファンドもまったく同様に高いと判断すべきです。

このことは少し冷静に考えれば誰でもわかるはずです。にもかかわらずなぜ多くの投資家がそのことに気づかず、基準価額を判断基準にしてしまうのでしょうか?

金融機関もわかっていない

しかもこれは一般投資家だけではなく、銀行や証券会社などの販売サイドの人たちも同じように解釈していて、いくら運用成績が良いファンドでも基準価額の高いものはもう割高だから顧客に売れないと言います。

私の知り合いのファンドマネージャーもこのことをとても嘆いていました。せっかくパフォーマンスを上げても「この基準価格では販売できない」と言われるのです。それも本質は理解した上で、単に顧客に説明しづらいので売りにくいからということならまだしも、どうやら銀行の役員さんたち自身も「割高」だと思ってしまっているらしいのです(笑)。銀行の役員と言っても、あまり勉強していないのだということがよくわかります。

そこで売りやすくするために、新たに1万円で基準価額をスタートできるよう、どんどん新しい投資信託を設定するということになります。でも新たに1万円で設定する投資信託を買うのも現在の基準価額が3万円の投資信託を買うのも、同じタイミングで買うのであれば、違いはありません。

日本の投資信託の中に何十年も続く長寿ファンドが非常に少なく、毎年どんどん新しい投資信託が売り出されるというのもこのあたりに1つの理由があるように思います。

投信も松竹梅で買う？

ではなぜ、このように判断してしまうのでしょうか。これは行動経済学でいう「参照点依存性」のせいなのです。参照点依存性というのは、数値を評価する時に、絶対値で評価するのではなく他と比較して相対評価する傾向のことを言います。

例えば日本料理のお店で幕の内弁当があったとします。松3000円、竹2000円、梅1000円とあった場合、だいたい8割くらいの人は真ん中の竹2000円を注文します。松を頼むのは高いけど梅はちょっとカッコ悪いという気持ちがはたらくからでしょう。何となく竹を選んでおくのが無難だという気持ちになるというわけです。

以前、あるお店の人に聞いたところによると、もし松3000円を売りたいと思ったら、松の中身はそのままにしてラベルを竹に変え、従来の竹を同じ2000円のまま梅という名前に変えて、新たに5000円の松を設定すれば良いそうです。そうすると自動的に真ん中の3000円が売れるというお話でした（笑）。

でも本来なら、自分の食べたいものを自分のふところ具合と相談し、かつ可能であればどのお弁当がお買い得か？　といったことを検討してから注文した方が良い選択ができそうなのですが、現実には値段の高安ですらなく、他のグレードとの相対的な価格の位置だけで決めてしまっていることがほとんどのようです。

これと同じ心理状態が投資信託を購入する場合にも起こっていると言っていいでしょう。単に設定時期が違ったというだけで価格の違う2つの投資信託を比較して安い方を買いたくなるという面白い心理です。

投資信託を選ぶ場合に大切なことは、①投資対象、②投資手法、③運用のコストといった基本的な項目をしっかり確認すると同時に、当初の運用方針通りにきちんと運用されているかどうか、パッシブ型であれば、ベンチマークから乖離していないか？あるいはアクティブ型であれば、ベンチマークをどれくらい上回っているのか？などを冷静に見た上で購入すべきかどうかを決めるというのが正しい選択の方法です。

さらに投資信託を評価するのは現在の基準価額ではなくて、パフォーマンス、すなわち過去にどれぐらいの運用成績を挙げたかを見るべきです。その基準は単純に騰落率であったり、シャープレシオのようにリスク調整後のリターンであったりとさまざまですが、少なくとも基準価額でないことだけは確かです。

基準価額だけを見て判断するというのであれば、幕の内で竹を選んでしまう八割の人と何ら変わりはありません。幕の内を食べる時にどれを選んでもまあ、人生に大きな影響はありませんが、投資信託を選ぶ時にはそういう勘違いをすることのないよう、ぜひ気をつけたいものです。

3. 〝混ぜるな、危険〟

複雑な金融商品は街にあふれている

一般的に何か商品を購入する時は、たくさん買ったりいろいろな商品を組み合わせてパッケージ化したりすると個々に買うよりは安くなるのが普通です。お正月の福袋などもそうですね。ところが中には組み合わせても必ずしもお客にとっては得にならないものもあります。金融商品はその典型です。

最も身近な例で言うと、保険商品に付く特約でしょう。保険と言うのは本来シンプルなもので、「滅多に起こらないけどもし起こったら大変だからそれに備えてたくさんの人が少しずつお金を出し合い、不幸なことに遭遇してしまった人にお金を回してあげる」という極めてわかりやすい仕組みです。簡単に言ってしまえば経済的な互助制度ですから、いかに少ない負担で大きな補償が得られるか？　が商品の優劣を決めます。

例えば「1年間に限って死亡した場合、3000万円の保険金が支払われる保険」いわゆる掛け捨ての定期保険ですが、これなら消費者はとても比較しやすく、保険料だけを比較すればいいので、どの保険会社の保険がお得かは一目瞭然です。しかし、さまざまなパターンの特約が付いてしまうと、比較が非常に難しくなり、どれを選べばいいかわからなくなります。同じようなことは投資信託にも言えます。

〝価格が日経平均の動きに連動する投資信託（インデックス投信）〟これなら極めてシンプルです。日経平均は毎日テレビのニュースで報道されていますから、自分の持っている投資信託が上がっているか下がっているかは一目瞭然です。

ところが「〇〇債券投信 通貨選択シリーズ ブラジルレアルコース 毎月分配型」みたいなものになると、これはかなり難解です。また、ひと頃大変売れ行きが伸びた「変額個人年金保険」なども言わば保険の衣をまとった投資信託みたいな性格ですから構造的にはやや複雑です。

こうした複雑な商品の特徴としては手数料が割高になっているということが挙げられます。なぜなら、金融商品においては複数の商品を組み合わせたり、オプションを利用したり、保障機能を付加したりすること自体がサービスの1つと考えられ、その分の手数料が上乗せされてくるからです。

しかしながら、複雑になれば必ず儲かるのか？　というと決してそんなことはありません。価格の上がり下がりと商品の構造とは何の関係もないからです。それにリターンは不確実ですが、コストは確実にマイナスに作用します。したがって複雑になって手数料が高くなればなるほど、儲かる可能性は少なくなると考えた方がいいでしょう。

複雑な商品は高リスク、高コストになりやすい

電気製品で考えてみるとわかりやすいと思いますが、多機能商品というのは便利な面がある反面、仕組みが複雑なので故障しやすいし、価格も高いという傾向がありります。投資信託も同様で、複雑な商品ほど手数料が高いだけでなく、リスクが見えにくくなっている場合があります。

こういう複雑なタイプのものはリスク要因が多いために投資家が正確に判断しようとするとしっかり勉強して仕組みをちゃんと理解する必要があります。多くの投資家にとって、これはかなりハードルが高いことであり、あまりにも商品理解のための情

報が多いと〝情報負荷〟の状態になって思考停止になりかねません。「何だかよくわからないけど、すごい投資テクノロジーが使われていそうだから、いいかな？」という安易な判断に陥りがちになるからです。

私は、かつてある金融機関の窓口で前述の「……ブラジルレアルコース」の投資信託の説明を聞いたことがありました。こういうタイプの投資信託では当然使われているはずの為替ヘッジとそのプレミアムについての説明はほとんどなく、ただ「海外の金利は高いから」とか、当時、「ブラジルはオリンピックで経済が発展するから」というような説明を受けただけで、あとはひたすら熱心に勧められました。

販売している人も恐らく良い商品だと信じて販売しているのでしょう。結果さえ良ければお客さんは喜ぶだろうということで説明のトーンに力が入るのもわかります。ただ最終的に運用結果の責任を負うのはお客さんであるということを考えると、買う人が十分に判断できるような説明をしなければならないのは当然だろうと思います。

以前、ある運用会社の人にお話を聞いた時、「テレビだって裏の複雑な仕組みを知る必要はないでしょう。要するにきれいな画面が映ればそれでいいのです。投信も同じで裏の仕組みを投資家が全部理解する必要はありません」という意味のことを言われたことがあります。でもこれはちょっと違います。テレビはきれいな画面が映ればそれで良いですが、投信は必ずしも良い運用成果が出るとは限りません。仮に損が出てもそれはすべて投資家が負うべきものです。

だとすれば素人の投資家にでもわかるようにきちんと説明をする必要があるはずです。それができないのであればこういう商品は適格機関投資家などのプロを対象とし、素人の投資家には販売すべきではないでしょう。

なぜ複雑な商品を買うのか？

では、投資家は一体なぜ、こういう商品を買うのでしょう？　これは米国の認知心理学者ハーバート・サイモンが意思決定理論として提唱した「満足化」という思考プロセスが影響しているのです。

「満足化」というのはごく簡単に言えば「人は物を買う時、トータルとしてはよくわからなくても、その商品が個別のニーズを充足していれば満足する」ということです。

例えば、前述の投資信託で言えば、「海外の高金利」「今後が有望なブラジル経済とその通貨」等々、個別には魅力的と感じる要素がある。保険で言えば、いっぱいついている特約が、それぞれ何か魅力的に感じるという場合です。あれもついているこれもついている、で魅力的に思えるものの、結局全部合わせると割高になっていることには気づかないということになってしまうのです。ひと頃はごちゃごちゃと機能が一杯ついた家電製品に人気の出た時がありましたが、最近はむしろシンプルなものを好む消費者も増えています。

本来ならば買う目的を単純化して必要なものだけを他の商品と比較し、選んで買えばいいのです。ところが、いろんな要素が混ざったものを〝何となく良さそうだ〟と思ってついつい買ってしまう、これが「満足化」がもたらす心理的バイアスなのでしょう。

住居用洗剤などのラベルには「混ぜるな、危険!」と書いていることがよくありますが、どうやら金融商品も「混ぜるな、危険!」という注意書きがあてはまりそうです。

4. 見えにくい手数料に注意

投資信託の2つのコスト

投資をする上で非常に重要なのがコストです。コストの大部分は税金、および運用にかかる手数料です。

税金については少額投資非課税制度（NISA）や確定拠出年金、財形年金といった非課税が適用されるものを除けば一律にかかってきます。また、そういった非課税制度についても利用できる限度額や場合によっては期間が限定されていますので、無制限に非課税にすることはできません。これは制度上の問題ですので、ある程度はしょうがないと言えます。

一方、手数料については運用商品によってかなり差があります。資産運用に関してはコストだけは確実にリターンにマイナスに作用しますので、無駄な手数料を払わないようにするために、その仕組みや水準をあらかじめ知っておくことが大切です。

株式投資については、かつて売買手数料が固定制でしたが1999年に自由化されたことによりその水準は大幅に低下しました。利用する証券会社によってその水準はまちまちですが、自由化前に比べると約7分の1程度に下がったと言われています。これは自由化による価格競争の結果という面もありますし、売買執行がシステム化されたこともあって、そのコストが大きく下がったとも言えます。

株式に比べると、投資信託のコスト構造はもう少し複雑です。投資信託にかかるコストは主なものとして「購入手数料」と「信託報酬」、および「信託財産留保額」と言われるものの3つがあります。このうち、「信託財産留保額」は厳密に言えば、運用会社に払う手数料とは若干意味合いが異なりますので、ここでは論じません。

まず、購入手数料というのはいわば入会金のようなもので、購入する時に1回限りで支払います。商品によってこの率は違いますが、購入時に2〜3％程度かかるものが多いです。最近は購入手数料がかからないという投資信託も増えてきています。これは銀行や証券会社などの販売会社を通さず、運用会社が直接販売するというケースがあるからですが、購入手数料がないというのは投資家にとってはありがたいことです。

信託報酬は言わば年会費

これに対して信託報酬というのは言わば年会費のようなもので、その投資信託を保有し続けている限りかかるものです。投資信託のコストで重要なのはこの信託報酬です。

信託報酬の数字は保有している資産に対して○％という形で表示されていますが、これは年率であり、実際には毎日少しずつ資産から差し引かれています。新聞などに表示される基準価額と言われる投資信託の価格は、この信託報酬をすでに差し引いた後の数字ですが、気をつけなければならないのはこの点です。投資家にとっては、「手数料を負担している」という実感があまりないのです。

なぜなら信託報酬は表面的にははっきりと見えるわけではありませんし、率で表示されているために一体どれくらい負担しているのかがピンとこないからです。これは明らかに行動経済学でいう「認知バイアス」です。

昔、街で配っていた消費者金融のチラシに「1万円借りて利息は1日たった5円」と書いてあるのをみたことがあります。これは年利に直すと18・25％もの高利となります。これなどはまさに認知バイアスを悪用した典型的な例と言えるのですが、うっかりすると投資信託も信託報酬にあまり目が向かないまま購入してしまうということになりかねません。

ところがこの信託報酬は長く保有すればするほど、非常に大きな差となってきます。例えば、毎月1万円ずつ30年間積み立てたとします。積立て合計額は360万円です。毎年の積立金額に対して累計で一体どれくらいの信託報酬がかかるでしょうか？仮に信託報酬の率が1・0％の投資信託の場合だと負担する信託報酬の累計額は約56万円となります。

一方、最近では信託報酬が非常に低いものも出てきており、0・2％程度のものもあります。こちらだとその累計額は約11万円、金額で比較すると45万円もの開きとなり、積立元本の12％以上もの金額がその差となります。このように長期に投資をする場合には信託報酬の差は非常に大きなものとなるのです。

タイプによって異なる信託報酬の率

一般的に投資信託の場合は、この信託報酬の多い少ないは運用のタイプによって異なってきますが、明らかに1つの傾向があります。それはパッシブ型のファンドは信託報酬が少なく、アクティブ型のファンドは多いということです。

パッシブ型のファンドは指数に連動することを目指すので、銘柄をリサーチする必要はなく、その費用は発生しないのに対して、アクティブ型と言われているファンドはファンドマネージャーが個別に銘柄を選定して投資するため、そのリサーチにかかる費用が発生する分だけ、信託報酬の額は高くなりがちです。

もちろんアクティブ型は指数を上回ることを目標とし、ファンドマネージャーが銘柄を厳選して選ぶのだから高くて当たり前だとも言えます。ただ、アクティブ型のファンドは常に指数を上回っているか、というと決してそうではなく、パッシブ型ファンドの運用成績を下回っているものもたくさんあります。いくら腕の良いファンドマネージャーでも常に市場平均に勝ち続けるというのは困難で、リターンは不確実なものです。これに対してコストは確実に発生します。

もちろん、信託報酬の多い少ないがファンドを購入する判断材料のすべてというわけではありませんが、購入する時に確実にわかっているものは、コストと過去の運用実績しかありません。しかも「運用実績」はあくまでも過去の物でしかなく、将来にわたって予測できるものではないため、確実に判断できる要素はコストである「信託報酬」しかないということになります。

アクティブ型投資信託は運用の理念や考え方に共感して購入する投資家が多いというのも事実ですが、仮にそういう基準で購入を決める場合でもムードに流されることなく、しっかりとコストの水準は見極めるべきだと思います。

投資信託の場合、購入手数料が無料だからといって飛びつくのは禁物です。購入手数料はあくまでも一度きりのものですが、信託報酬は持っている間中ずっと負担するものだからです。外国の投資信託の中には規模が大きくなるにつれて、信託報酬を安くしていっているファンドもあります。これも投資家にとっては大変ありがたいことです。隠れコストになりがちな「信託報酬」はしっかりとチェックしておく必要があることを忘れないでください。

5．テーマで買ってはいけない投資信託

テーマ型ファンドとは一体なにか？

投資信託というのは複数の有価証券に分散投資をするものです。株式投資信託の場合は複数の企業の株式に投資をします。投資信託の種類はさまざまでその分類方法も色々ありますが、一番基本になるのはパッシブ型かアクティブ型という分け方でしょう。

パッシブ型は市場の指数に連動を目指すタイプなのでとてもシンプルですが、アクティブ型の場合はどういう投資対象に投資をするのか？というのが重要なポイントになります。大型株か小型株か、あるいは割安株を中心に選ぶバリュータイプか、成長性を重視して銘柄を選定するグロースタイプか、といったことです。

そんな投資信託の種類の中には「テーマ型」と言われるものがあります。例えば、IoT、バイオ、社会貢献、オリンピックといった、さまざまなテーマを通じて特定

の業界や企業に投資をするというものです。これらはいわば〝はやりもの〟です。こういうテーマ型投信というのは結構昔からありましたが、過去にこうした投資信託の多くが非常に短命に終わっています。

例えば1984年頃にはバイオブームでこうした企業に投資するファンドが林立しましたし、その後、85～86年頃になると「マルチメディアファンド」なるものが登場し、電機や当時のIT関連の株式を対象に運用するものがいくつも出てきたのです。マルチメディアなどという言葉はもう死語です。実際にこうしたテーマ型ファンドは今でも設定されていますが、長い期間にわたって大きく育ったというものはほとんどありません。

テーマ型ファンドはわかりやすいけど不合理

そもそも投資信託というのはパフォーマンス（運用成績）が最も大事であることは言うまでもありません。パッシブ型のように指数に連動するのではなく、ファンドマネージャーが銘柄を選んで投資する場合には、選ぶ対象の母集団が大きいほど、良い銘柄を発掘できる可能性が高くなるのは当然です。

だとすれば、テーマ型投信のように投資する対象を自ら狭めてしまうというのはどう考えても合理的な投資方法であるとは言えません。にもかかわらず、こうしたテーマ型投信の設定というのは後を絶ちません。その理由はどうしてでしょうか？

最大の理由は何と言ってもわかりやすさでしょう。AIやエコ、EVなどというテーマはテレビやニュースでもよく取り上げられていますから投資信託をまったく知らない人でもなじみがある、ということは売る側にとっても売りやすいということです。トランプ大統領が誕生した時は、米国のインフラ関連に投資する「トランプファンド」などというものもありました。

これは第2章1節「老後が必配だからそろそろFXでも⁉」でご紹介した「利用可能性ヒューリスティック」の典型です。テーマ型ファンドに当てはめて言えば「株のことはよくわからないけど、AIや電気自動車はブームだし、これから東京オリンピックに向けて建設関係がよくなるのだろうなあ」と言った具合に誰でも想起しやすいことから関連する株も上がるのではないか？　と感じてしまうということです。

ところが多くの場合、一般のニュースや話題で取り上げられているということはすでに株式市場でも相当関心が高まっているということですから、株価もかなり高値圏に来ていることが多いのです。「これからの日本にとって重要なテーマだ！」「長期的に成長が期待できる分野だ！」それはそうかもしれませんが、株式市場というものは短期的には実態をかなり先取りして動く場合が多いのです。したがってテーマ型ファンドが設定された時は往々にして投資対象の銘柄がすでに高値圏になっているという可能性が高いと言えます。

私の証券会社での40年近い経験を振り返ってみても、テーマがもてはやされた時に設定されたテーマ型ファンドの多くはその後悲惨な結末を迎えています。

長期投資家にテーマ型ファンドは不向き

ただし、こうしたテーマ型ファンドは短期的には儲かる可能性もあります、高値圏にいるということはそれだけ株価の動きも大きくなっていますから、設定してごくわずかの間に急騰することもありえます。そうなると一気に人気が高まり、さらに売れるということになります。販売する方も非常に強気で勧めてくることでしょう。でもそこで買うのは非常に危険だと思います。もしテーマ型ファンドをすでに購入してしまったのであれば、こうした急騰局面では売却しておいた方が無難でしょう。先ほども述べたように私の経験から今までに設定されたテーマ型ファンドのその後を見ても、長期的に成長が続き、大きくなるとは到底思えないからです。

株というものはその会社が非常に優れたビジネスモデルを持っていたり、まだ開発の段階だけど画期的な新商品や新薬の開発が見込めたりする場合は、現実の業績が伴っていなくても最初に理想買いの段階で一度上がります。ところがその後下がり、しばらく低迷するのですが、後になって現実に利益が出て業績が伴ってくると上がるということもよくあります。理想買いから業績買いに移行するというケースです。

したがってテーマ型ファンドも同様で、本当にしっかりと長期に継続しそうなテーマのものであれば、長期投資として買っておいてもいいのですが、その場合でも理想買いで盛り上がっている最中にわざわざ高値を買いにいく必要はありません。理想買いの後にいったん株価が下がった時に買えばいいのです。

結論として、長期的に資産形成を目指す一般投資家はテーマ型ファンドを買わないほうが賢明だろうと思います。〝はやりもの〟に飛びつくと、ろくなことはないというのは投資の世界でも言えることでしょうね。

6.「信託財産留保額なし」で喜ぶ不思議

信託財産留保額とはどういうものか？

投資信託の費用には一般的に買った時にかかる「購入手数料」と持っている間はずっとかかる「信託報酬」があることは本章の4節でお話した通りですが、その時に触れなかったもう1つの費用に、「信託財産留保額」というものがあります。

最近はこの「信託財産留保額」がなし、という投資信託も多くなってきています。投資する上で費用は少ない方がいいのは言うまでもありませんから、これが、なしということであれば一見喜ばしいことのように思えますが、他の2つと違って、この信託財産留保額はないからといって素直に喜ぶことはできません。

信託財産留保額とは一体何でしょう？　これは一言で言えば、受益者（投資家）が投資信託を解約する時に他の人のために残しておくペナルティです。投資信託というのはみんなでお金を出し合って1つのお金のかたまりにしているわけですから、1人だけそこを抜ける場合、つまり換金する時にはファンドが持っている株や債券を一部売却して現金化しなければなりません。したがって売却してファンドから出て行く人たちにその費用を負担していただきましょう、というのが「信託財産留保額」なのです。

これは購入手数料や信託報酬とは違って運用会社や販売会社に支払う手数料ではありません。いわば解約する人が残った人に「ごめんなさい、先に失礼します。その代わり私の解約する分にかかる費用は負担しますからね」といって置いていくお金のようなものです。この信託財産留保額が〝なし〟というのは一体どういうことを意味するのでしょう？

残った人が出ていく人の費用を負担するってどこかおかしい？

それは解約する分にかかる費用を残った人が負担するということです。実際にこの留保額はその後の基準価額に反映されます。つまり投資信託を長期投資と考えて持っている人が、短期（かどうかはわかりませんが）で売ってしまう人の費用を負担するという、ちょっと不合理なことになってしまうのです。

したがって、信託財産留保額は無い方が良いというのは明らかに勘違いです。コストとして負担するものは、どんなものでも少ない方が良い、と思いがちな心理で、これもヒューリスティックです。

投資家にとって、運用会社や販売会社に払うのは少ない方が良いに決まっています。払う先が業者だからです。ところがこの留保額だけは業者に払うのではありません。もちろん、自分の持ち分に相当する分を処分する際には証券会社に発注を出すことになりますから、間接的にはブローカーに対して支払う費用ということにはなりますが、これはファンドに投資している人は必ず負担せざるを得ないという性格のものです。

したがってこの費用を一体誰が負担するのか？　ということが問題なのです。「あり」は出て行く人が負担しますし、「なし」は出て行く人の分まで残った人が負担するということですから本来、「あり」が当然のはずです。

ところがこの「信託財産留保額なし」という投資信託は実に多いのです。大手金融機関が販売する投資信託から独立系直販投信に至るまで「なし」という投資信託が増加しています。やや穿《うが》った見方かもしれませんが、これは投資家の勘違いにおもねろうとしているのではないでしょうか。いくら正論を主張しても投資家が勘違いして、

「なし」のファンドを選びがちになるため、他の会社が次々と「なし」の投資信託を出すようになってくると、競争上、自分のところだけ「あり」にはできないということなのでしょう。

私も現役時代、同じようなことを経験しました。私は確定拠出年金制度で投資信託を採用する場合の運用商品選定を事業主と一緒に行う立場だったのですが、どの事業主も一様に「信託財産留保額なしの方が良い」と言います。私が、信託財産留保額の意味をじっくり説明すると、多くの方は理解してくれるのですが、それでもやはり「なし」の方が良いと言います。「自分たちは理解できても従業員全員に理解させるのは無理」と考えるからです。結果として確定拠出年金専用ファンドの中にも「信託財産留保額なし」の投資信託が増えてきました。

そりゃあ「なし」にしてその分は運用会社のお金で負担するなら良いでしょうが、そんなことはあり得ませんし、できるはずもありません。「なし」というのは明らかに出ていく人の分を長期に保有しようとしている人に負担させるということです。多くの運用会社が長期投資の大切さを標ぼうしていながら、一方で「信託財産留保額がなし」というのは長期に持ち続ける人の負担が大きくなるわけですから、これは明らかに矛盾と言えます。

にもかかわらず「なし」が増えている理由は、投資家の勘違い、人間の心理には勝てないということなのでしょうか。もちろんこれは、「必ず発生する費用」をどの時点でだれが負担するかという問題なので受益者が納得さえすればどちらでもかまわないのですが、原理原則を知ることも間違った判断をしないようにする上では重要なことだと思います。

［第５章］

マーケットや制度にも罠がある

いよいよ最後の章です。

ここでは、株式や投資信託といった個別の金融商品だけではなく、マーケット全体の中で起こり得る勘違いや、制度の本質を正しく理解していないために隠れたリスクに気がつかず、失敗してしまいがちなケースについてお話をしたいと思います。

例えば従業員持株会などはかなり昔からある制度ですが、最近は会社が従業員に付与する奨励金の額が増えてきている傾向にあります。このこと自体は有利な条件だと言えますが、そもそも従業員持株会自体には資産運用の原則にそぐわない大きなリスクが内在しています。また確定拠出年金のような年金制度だけではなく、最近ではNISA(少額投資非課税制度)やつみたてNISAのように投資の結果得られる収益が非課税になるという制度も誕生してきました。

いずれも一見すると有利な制度のように思えますが、その利用法や割合を間違えると決して有利にならないどころか大きなリスクを負うことにもなりかねません。

またマーケットというのはその動き自体が人間の心理に強く働き掛ける作用を持っており、投資家が惑わされて投資の判断を間違えてしまいがちになるという特徴があります。したがってマーケットとどう向き合っていくかということは、個別の商品を考えるよりもより重要度の高いことであるかもしれません。

この惑わされやすい心理というのは素人の投資家だけではなく、運用のプロと言われる人たちや私たちが投資の判断を行うにあたって参考にしているエコノミストやストラテジストについても同じことが言えます。したがって、専門家だからといって全面的に信用して投資判断を委ねるということは禁物です。

では一体どんな心理的な罠がマーケットや制度に隠されているのかを考えてみましょう。

1．従業員持株会には注意が必要

従業員が毎月一定の金額を拠出して共同で自社株を買い付けていく仕組みが「従業員持株会」です。わが国の上場企業のほとんどでこの制度は導入されており、未公開企業の中にも従業員持株会が組織されている企業はたくさんあります。企業においてもさまざまな社内制度の中で、特にこの「従業員持株会」には多くの社員が加入するように勧めているところが多いと思います。

実際に「従業員持株会」に加入している従業員は多いのですが、加入を勧める方にも加入する方にも行動経済学におけるある心理バイアスが働いています。ここでは「従業員持株会」に関するメリットとあまり強調されないデメリットについても詳しく考えてみることにしましょう。

持株会でメリットと言われること

まずは持株会にはどんなメリットがあると言われているのかを見てみましょう。いくつかの証券会社のホームページで持株会が紹介されているサイトを見ると、以下のようなメリットが挙げられています。

◎経営者から見て

1. 株主構成が安定し、敵対的買収に対する抑止力になる
2. 社員の忠誠心の向上になる
3. 会社が上場を目指す場合に、資本政策面における安定化の一助となる

◎従業員から見て

1．1000円から手軽に始められる
2．天引きで積み立てられる
3．奨励金が付与される場合がある

経営者から見たメリットはいずれもその通りです。でも資産形成を目指す1人の投資家としての従業員から見れば、どの項目もあまり関係のない話です。いずれのメリットも単なる経営者の都合です。

では従業員から見た場合のメリットはというと、これもその通りなのですがいずれも特に従業員持株会だけのメリットというわけではなく、他の社内制度や積立投資でも受けられるメリットです。

ただし、3．の奨励金は確かに大きなメリットです。東証が2017年の10月に行った調査によれば、奨励金を付与している会社は約97%にのぼり、その率も5～15%程度のところが7割以上です。最初からマーケットに5～15%も勝っているわけですから、これは相当有利と言えるでしょう。

また、未公開企業で成長が著しい企業の場合は従業員持株会に加入すると有利な場合があります。未公開企業の場合は市場で株式を買い付けることができませんから、一般的にはMRF（マネー・リザーブ・ファンド）などで拠出資金をプールしておき、第三者割当などを通じて公開前に取得することになります。会社が高い成長性を持っていれば公開後に大きく値上がりすることもありますから、そうなれば創業者やオーナーと同様、公開によるメリットを享受できることになります。

気をつけるべきデメリット

ただ、従業員持株会には最大の問題点があります。それは「リスクの過度な集中」です。サラリーマンの多くは会社の給料が収入のすべてです。つまりフローの収入はほぼすべてを会社に依存しています。その上にストックの資産まで会社の株式を持つというのは、資産を分散すべきという資産管理の大原則からすれば決して適切とは言えません。明らかにリスクの過度な集中であるにもかかわらず、なぜそうなってしまうのでしょう？

実は持株会においては、「正確にリスクを認識しなくなる」という問題が起こりがちなのです。なぜそうなるのかと言うと、「自社株の積立て」にはあまりリスクを感じないような仕掛けが存在しているからです。

まず、あらゆる投資対象の中で自分が勤めている会社ほど身近な存在はありません。このため、本来はリスク資産であるにもかかわらず自社株については根拠のない安心感を持ってしまうということになりがちです。

また、株式を一定金額で積立て投資していくという行為は株式投資が本来持っているリスクをあまり感じることなくできるという面もあります。こうして従業員持株会だけは普通の株式投資とはまったく別物のように錯覚してしまいがちになります。

確かにかつて高度経済成長の時代には長期にわたって株式市場が大きく成長し、結果としてどんな銘柄でも持っていれば利益が出たという時代であったため、持株会が資産形成に一定の役割を果たしたことは事実でしょう。しかしながらこれも過去の経験に基づいて安易に判断してしまうヒューリスティックであろうと思います。

ご利用はほどほどに

もちろん企業が成長期にある場合は、会社の成長と共に株価が上昇することで自分の資産も増えるという好循環もありますし、前述のように未公開企業の場合は積み立ててきた現金で公開時に株式を取得することで上場後の高値で一挙に資産が増えたという非常にラッキーなケースも中にはあります。

ただ、これらの成功例は決して普遍的なものではありません。従業員持株会といえども、単なる株式投資に過ぎず、しかも投資する先は自分が生活の糧を得るための会社であるということを忘れてはいけません。リスクの取り過ぎは避けるべきです。持株会で積み立てるにしてもあまり多くの金額を投入しない方が賢明と言えるでしょう。結局は持株会と言えども〝魔法の箱〟なのではなく、あくまでも株式投資の1つに過ぎませんから、企業に成長力がなければ長期に保有しても資産形成にはつながりません。

第1章の5節「長期投資＝低リスクの勘違い」でも述べたように、長期投資が報われるのは期待リターンがプラスの場合においてのみです。どんな場合でも従業員持株会は有利ということでは決してありません。

かく言う私も実はサラリーマン時代、入社してから退職するまで自社の従業員持株会に加入していましたし、ひと頃は自分の資産のほとんどが自社株という非常にハイリスクな（笑）時期もありました。住宅を買う時の頭金などで途中売ったものはよかったのですが、ずっと持ち続けた自社株もあり、これらは退職する数年前に株価が大きく下げたため、今でも平均取得価格の半値以下です（笑）。

もし従業員持株会を利用するのであれば、このような心理バイアスの存在を十分に考慮した上で、利用にあたっては過度に集中して投資しないことが必要だと思います。

2. iDeCoにありがちな勘違い

２０１７年の1月から確定拠出年金法の改正が施行され、個人型が原則、誰でも加入できるようになりました。愛称も「個人型確定拠出年金」という堅苦しいものからｉＤｅＣｏとシンプルになりました。それに伴って加入者も急増しています。２０１６年12月末時点では約30万人だった加入者は17年9月末時点では65万人を超えているのです。ｉＤｅＣｏは最近でこそ話題になっているものの、制度自体ができたのは01年ですから、15年かけてようやく加入者が30万人となったに過ぎません。それが17年に入ってからのたった9カ月で倍以上の65万人に増えたわけですから、相当注目が集まっていることは確かでしょう。

ところがｉＤｅＣｏについては多くの人が勘違いしている部分があります。それが、取り扱う業者である運営管理機関の選び方です。一体どんな勘違いなのでしょうか。

運営管理機関選び4つの基準

加入者にとっては運営管理機関というのは非常に重要な存在です。特に運用商品を選定してそれを提示したり、直接的に加入者の窓口となったりする「運用関連運営管理機関」と言われているところは、うまく選ばないと後々後悔することになります。なぜなら運営管理機関のサービスやコストは、会社によってかなり差が大きいからです。

運営管理機関を選ぶ基準というのは大きく分けて4つあります。

1．商品の品ぞろえと商品手数料の水準
2．ＷＥＢやコールセンター等の加入者インターフェース
3．加入時や給付時の利便性
4．口座管理手数料の水準

と、このように何気なく並べましたが、これは加入者にとって最も大切な基準の順番に並べているのです。ｉＤｅＣｏは、非常に長い期間にわたって運用するものです

から適切な分散投資ができるための商品のカテゴリーが揃っていることと、それらの手数料すなわち運用管理費用は極めて重要です。またiDeCoの場合、一部の金融機関を除けば対面で説明を受けることは難しいですからWEBやコールセンターの使い勝手も大切なことです。

さらに加入の際の手続きや年金を受取る時の方法などが簡単でわかりやすかったり、さまざまな選択肢があったりした方が便利です。そして最後の口座管理手数料、もちろんこれは安い方が良いのは当然なのですが、これらの4つの基準の中では最も重要性の低いものです。

ところが多くの加入者はこの口座管理手数料のことしか気にしていないように見えますし、マスコミやマネー雑誌などでもこの点しか話題にしていないことが多いようです。これは一体どうしてなのでしょうか？

朝三暮四

昔の中国のことわざに「朝三暮四」というのがあります。猿にトチの実を朝に3つ、夕に4つ与えると言ったところ、猿がキーキー怒ったので、「それでは朝に4つ、夕に3つとする」と言い換えたら猿が喜んだという逸話です。このことわざが意味するところは、目先の数字に惑わされて本質を見極められない愚かさを表しています。口座管理手数料しか気にしないというのはまさにこの朝三暮四の故事と同じことです。

口座管理手数料は最も高いところと安いところでもその差は年間4000円ぐらいのものです。しかも口座管理手数料は資産の額が増えても一定ですから、仮に20年間でもその差は8万円ぐらいにしかなりません。ところが運用商品の手数料、具体的には運用管理費用ですが、これは同じカテゴリーでも水準が3〜4倍違うというものがざらにあります。仮に3倍違ったとして、サラリーマンが積立て上限一杯の月2万3000円ずつ20年間積み立てたら、その差は何と23万円以上にもなります。さらに年数が多くなればなるほどこの差は大きくなっていきます。口座管理手数料だけにこだわって、運用管理費用に注意を向けないと結果的に損をしてしまうことになりかねません。

また、コールセンターやWEBのサービスも加入者にとっては重要ですが、口座管理手数料が安いところや無料のところは概してそうしたサービスがあまり充実していません。さらに、年金の受け取り方についてもそういうところは選択肢が少なかったりします。年金で一番大事なのは受け取る時であることを考えれば、残念としか言いようがありません。

さらに言えば、口座管理手数料が無料と言っても全くゼロになるわけではありません。運営管理機関の分はゼロになっても国民年金基金連合会の分は依然として残るからです。中身を詳細に調べたり検討したりせず、運営管理機関の「口座管理手数料ゼロ円！」という謳い文句につられて申し込むのは、物事を直感的に判断して決めてしまう典型的な「ヒューリスティック」と言って良いでしょう。

意外と使いづらいネット証券

運営管理機関ごとのサービスをいろいろと調べてみると、メガバンクや大手証券のサービスが良いことに気がつきます。この理由はどうしてなのでしょう？

それは16年前から継続して大企業向けにサービスを提供してきた確定拠出年金の運営管理機関としてのインフラが整っており、それをそのままｉＤｅＣｏにも利用できるからです。こうした大手金融機関は大手企業の企業型を受託してきました。自分で加入しようという意思を持って始めるｉＤｅＣｏと異なり、企業型は本人の意思とは関係なく自動的に加入者となることが多いため、全く何の知識もない人に対してサービスが求められます。当然、わかりやすく、使いやすいサービスを提供しない金融機関はそれらの大企業には選ばれなくなりますから、必然的にこうした大手金融機関は〝大企業〟というタフな顧客に鍛えられて優れたサービスを提供できるようになってきているのです。大手金融機関の一部には対面で相談できるところもあります。ネット証券ではとてもできないことです。

ある程度運用や年金に対する知識もあり、自分の方針もきちんと持っている人であればネット証券を使うという選択肢も悪くはありませんが、不慣れな人にとってはサービスの行き届いた大手も十分検討に値します。投資するならネット証券が安くて便利というのは今や多くの個人投資家にとって常識となっています。私自身も自分の株式取引についてはネット証券を利用していますが、iDeCoにおいてネット証券を利用することが必ずしもベストな選択であると思い込まない方が良いと思います。

特にiDeCoは一度決めたら非常に長い期間にわたって利用し続けることになります。他の証券取引のように取引金融機関を変えることはそれほど容易ではありません。それだけに思い込みは排除し、慎重に考えることが大切だろうと思います。

3. ミスター・マーケットに気をつけろ

ミスター・マーケットって一体誰のこと?

米国の著名投資家ウォーレン・バフェットの先生と言われ、「バリュー投資の父」とも称されるベンジャミン・グレアムという人がいます。彼には資産運用に関するいくつかの名著があり、多くの投資家は彼の考え方に大きな影響を受けてきたのですが、その彼の最も有名な著書に『賢明なる投資家』(原題:The Intelligent Investor)という本があります。その本の中で、彼は〝ミスター・マーケット〟なる人物を紹介しています。

「ミスター・マーケットは、毎日投資家の家を訪れる。彼はドアの前に現れては、毎日違う価格で株の売買を持ちかけてくる。ミスター・マーケットによって提示される価格は、しばしば妥当なように思えるが、それはしばしば馬鹿らしい価格の時もある。投資家は、彼の提示した価格に同意し取引してもよいし、彼を完全に無視してもよい。

いずれにしろミスター・マーケットは、翌日も他の株式の価格を引き合いに投資を持ちかけてくるのだ。問題は、ミスター・マーケットが気まぐれで提示してくる価格に振り回されてはいけないということである。投資家は、市場に参加することではなく市場の愚かさから利益を得るべきである。投資家は、ミスター・マーケットがしばしば行う不快な言動に対して、過度に気をとらわれるよりも、むしろ現実世界の会社のパフォーマンスに注目し、割安な株式を取得することに集中する方がよい。」

ここで紹介されている〝ミスター・マーケット〟は別に証券会社のセールスマンを指しているわけではありません。株式市場の株価の動きを擬人化して表している言葉なのです。

株価についてよく言われるのが、「短期的な値動きをパターン化できるような法則は存在せず、株価は俗にいうランダムウォーク（酔っ払いの千鳥足）をするものだ」ということです。このフラフラした不安定な動きそのものがミスター・マーケットなのです。別な言い方をすれば、価格の動きによって私たちの心を惑わす存在がミスター・マーケットと言ってもいいでしょう。

ミスター・マーケットは古今東西、どんな市場にも出没します。

厄介な"ビューリスティック"

厄介なことにミスター・マーケットは、どんな優秀なセールスマンよりも強いパワーを持ってわれわれに迫ってきます。

株式投資というのは本来、その企業の価値を評価して買うべきものなのですが、人はしばしば価格の動きに惑わされます。上がりだすと、「もっと上がるかもしれない」と思ったり、逆に下がると不安に駆られて売ってしまったりすることはよくあります。1つの方向に動き出すとあたかもそれがずっと続く動きであるかのように錯覚してしまうのです。

例えばリーマンショックの時や、東日本大震災直後に株価は大きく下げましたが、直接的には業績が悪化したりすることがないような企業の株価まで一緒に大きく売られました。本来であれば、個別の企業の業績や成長性とは関係なく下落したものであれば、そこで買い増しをしても良いはずです。優良な商品がバーゲンセールで投げ売りに遭っているからです。

ところが実際はむしろ逆にそういう場面に直面すると慌てて売ってしまうというこ

ともしばしば起こります。ものごとを論理的に考えるのではなく、直感的に判断してしまうことを「ヒューリスティック」と言います。株式のように常に価格が変動しているものほど、このヒューリスティックの罠にかかりやすくなるのです。

株価というものは長期的には企業の実体を表したものに収斂していきますが、短期的にはその株式の売買に参加する多くの人たちの心理的な要因で動くことが多いのです。ミスター・マーケットに耳をかたむけてはいけない！　ということは、そうした短期の市場の動きに惑わされてはいけないということです。

ところが実際にはミスター・マーケットの誘惑に打ち勝つことはそれほどたやすいことではありません。他人からの誘惑であれば断るのはたやすくてもミスター・マーケットというのは実は自分の心の中にいる存在なので、常に自分の心との戦いになるからです。

自分なりのルールを作ること

ではどうすれば良いのか？　ということですが、最も効果的なことは自分の心の命ずるままにならないような仕組み、自分なりの投資ルールを作ることだろうと思います。

「売買タイミングを気にせずに毎月定期的に購入するドル＝コスト平均法」や「一定の水準まで下落すればそれ以上の損失を防ぐために自動的に売却する、ロスカットのルール」など、いずれもこれが絶対という方法ではありませんが、少なくとも日々訪れるミスター・マーケットの言うままに売買を続けるよりはずっと良い結果が出てくるはずです。

投資というものは常に将来の不確実さと向き合っていかなければならないものですから、心理的にはどうしても大きな不安を抱えざるを得ません。だからこそ、そんな不安を増幅するようなミスター・マーケットとのつきあい（短期的な価格変動を取りに行く）はできるだけしない方がいいのです。

マーケットというのは柔軟な頭と発想で臨機応変に対応すべきであることは事実ですが、それはあくまでも基本的なルールをこしらえた上での話です。一定のルールを作ってそれに従うということは柔軟さを持つことと矛盾するわけではありません。

根拠のないミスター・マーケットのささやきに惑わされず、自分のポリシーを守ることが大切と言えるのではないでしょうか。

4. ストラテジストの予想はなぜ当たらないのか?

予想には一定の法則がある

毎年、年の初めに新聞や雑誌でその年の株価や為替の予想が出てきます。これらの多くはエコノミストやストラテジストと言われる人たちによってコメントされています。また、マーケットが大きく変動した時にも「ここからの予想レンジ」といったものがよく紙面を飾ります。年の初めにあたって、「今年は一体どんな見通しなのだろう?」とか株価や為替の大きな変化があると、「これからどうなるのだろう?」といったことについてはどうしても専門家の意見を聞いてみたくなるのは当然です。

ところがこれらの予想をよく見てみると、多くの場合一定の法則があることに気がつきます。まず、ほとんどの予想者が現時点での数値をベースにしていること。そして2つ目は現時点でのトレンドに沿った予想になっていること。例えば上昇基調であれば、ここからの幅を上値7割下値3割くらいに予想しています。下落基調の場合で言えばその逆ですね。そして3つ目は現時点での数値に比べて極端に乖離した数値を予想する人がいないことです。

その結果、多くの予想は無難なものになってしまうのですが、実際のマーケットというのは意に反してかなりドラスチックに動くこともあります。そんな時は多くの予想は結果が外れるということになります。2017年の年初の予想でも前年末にかけてかなり相場が堅調だったこともあり、多くの人は強気の予想をしていますが、中には日経平均が大きく下落するという意見があってもよさそうなのに、ほとんどそういう予想は出てきません。

これは一体どうしてそうなるのでしょうか？　よく言われるのは、「あれは彼らの本音ではない」ということです。多くのエコノミストやストラテジストは金融機関に所属しているため、どうしても組織の意向を無視することができず、ドラスチックな予想を出すことが難しいということです。

確かにそういう面はあるかもしれませんが、私はもっと別なところに理由があると思います。それは行動経済学でいう「アンカリング効果」です。「アンカリング」というのは船がいかりを降ろすことを指しますが、要するに〝与えられた数字に影響を受けてしまう〟ことを言います。

よく例に出されるのが「国連加盟国に占めるアフリカ諸国の割合は？」という問題です。まず最初に「65％よりも高いか低いか？」と聞いておき、次に「では実際に何％だと思うか？」と聞いた場合の答えの平均は45％です。ところがこの65％という数字を10％に変えて別のグループに質問すると、そのグループの答えの平均は25％になります。ここで出てきた65％とか10％というのは何の根拠もない数字なのですが、最初に与えられた数字にみごとに影響を受けてしまうのです。

投資家もアンカリング効果に影響される

ストラテジストの予想に何の根拠もないことはありませんが、要するに現時点での「水準＝数字」を「基準＝アンカー」として考えるために、今後のトレンドも予想レンジもそれに影響を受けてしまうということが起きるのだと思います。その証拠に株価が上がり始めたり、為替が円安方向に動き始めたりすると、コメントの都度それに合わせて予想レンジが少しずつ切り上がっていく傾向が見て取れます。

もちろんストラテジストだって人間です。いくら自信を持って予測を出していても当初の想定とは違うスピードで動き始めると心中穏やかならざるものになるのは容易に想像できます。結果としてトレンドに合わせて微妙に予測を変えていくこととなり、一応は無難な結果になることが多くなります。このため、マーケットに大きな変化が起きると大方のストラテジストの予測は外れます。

予測を見ている投資家の立場からするとマーケットの変化が大きい時こそ当ててもらいたいのに、それが当たらないから「ストラテジストの予測はいつも当たらない！」と感じてしまうというわけです。

しかしながら、これは彼らだけの責任ではありません。投資家もまたアンカリングの罠に陥っています。多くのストラテジストと同じような心理状態になってしまっているからです。その証拠に一般とはまったく違う予想を出すストラテジストも少数いるのですが、彼らの意見はあまり投資家には受け入れられていません。

どんなにマーケットが下がっても常に強気の人や逆にいくら上昇相場でも弱気を言う人は必ずいるものです。こういう人たちは強い信念を持っているのでしょうが、多くの人が「あれはあの人の芸風だ」と捉えて、強く共感する人は少なく、参考程度に聞き置くということが多いようです。これも投資家がアンカリング効果に陥っていることの表れと言えるでしょう。

〝勘定〟よりも〝感情〟で動きがち

さらに難しいのは、株価やマーケットの動きというものが必ずしも経済のファンダメンタルズ通りには動かないということです。マーケットは計算された〝勘定〟で動くのではなく参加する多くの人の〝感情〟で動く面が強いものだからです。

多くの人が同じ考えを持ち始め、それがしばらく続いていくと、みんながその方向に続いていくというバンドワゴン効果が表れてきますが、そういう時はえてして逆方向への転換点が近づいているものです。私自身、過去にそういう経験を数限りなくしてきていますが、なかなか学習効果を得ることができず、同じような局面になると同じような間違いを犯してしまっています。

このように考えてみると、いくら専門家と言われるストラテジストも投資家と同じ人間ですから、こういう心理的な罠から逃れることは難しいと考えておいた方がいいでしょう。

でも彼らは単なる予想屋ではありません。経済状態や個別の企業の内容を分析し、投資家が自分で判断するために必要な情報を提供するのが本来の役割です。予測を彼らに求めたくなる気持ちはよくわかりますが、もっと大切なことは投資家自身が陥りがちな心理的な罠を彼らの冷静な分析によって防ぐこと、すなわち〝感情〟から〝勘定〟へ戻してくれることを期待すべきでしょう。

彼らの予測を単に信じるのではなく、彼らの分析結果やコメントを参考としながら、あくまでも自分で考えて判断することが大切なのではないかと思います。

5. リスクを高めずにリターンを高める方法

アセット・ロケーション？　アセット・アロケーション？

タイトルだけ見ると何だかあやしい話のように見えます。リスクとリターンはそもそもトレードオフの関係ですから、高いリターンを求めると必ずリスクは高くなるからです。ローリスクにもかかわらずリターンが高いという話は通常、まず詐欺だと疑ってかかった方が良いでしょう。でもここで言っていることは、税金の制度をうまく活用することで決して不可能なことではないというお話です。

みなさんはアセット・アロケーションという言葉は聞いたことがありますか。これは簡単に言うと資産配分のことです。どんなカテゴリーの金融商品に自分の資産を配分するかという意味です。運用成績の9割以上は個別に投資する銘柄の選択や売買のタイミングではなく、アセット・アロケーションによって決まるということもよく言われています。

ところが、ここにとてもよく似た「アセット・ロケーション」という言葉があります。これはI‐Oウェルス・アドバイザーズ株式会社の代表で、投資教育家の岡本和久氏がその著書、『自分でやさしく殖やせる「確定拠出年金」最良の運用術』で紹介している考え方です。これはアセット・アロケーションのようにどのカテゴリーの資産にどんな割合で配分するかということではなく、どこに（どの制度に）資産を置くか、という意味です。言葉だけではわかりにくいので、実際の例を挙げて説明してみましょう。

通常は金融商品から生み出される利息・配当や値上がり益などには税金がかかります。ところが中には運用益に対して税金がかからない制度も存在します。例えば、少額投資非課税制度（NISA）や、確定拠出年金制度（DC）などがその代表です。

話をわかりやすくするために単純化してお話しします。仮に自分の資産が100万円あると仮定します。これを預金50万円、投資信託50万円で運用することに決めたとしましょう。このようにどの種類の金融商品にどれだけ資産を配分するかを決めるのが、アセット・アロケーションです。ここで仮に投資信託はすべて課税口座に置き、預金をすべてDC口座で運用したとします。これがアセット・ロケーションです。すなわちどの口座にどの金融商品を置いておくか（どの制度を使ってどの金融商品を運用するか）ということを意味します。

置き場所を変えるだけで税引き後の手取りが変わる

ここで図6をご覧ください。仮に定期預金の金利を年利0・1％とし、投資信託による運用実績が年率で3％になったとします。前述のように投資信託を課税口座で運用した場合、仮に3％の収益が出たとしても、そこから利益の20％は税金が引かれま

【図6】

	預金（0.1%）	投資信託（3%）	トータルリターン
預金を課税口座で投資信託を非課税口座に置いた場合	0.08%	3.0%	1.54%
預金を非課税口座で投資信託を課税口座に置いた場合	0.1%	2.4%	1.25%

すので、手取りは2・4％です。預金は非課税ですから0・1％そのままで、資金全体の手取り収益は両方の収益を合わせて、2で割りますから、1・25％になります（復興特別所得税がかかるため実際の税率は20・315％ですが、ここでは計算しやすいように20％と置いています）。

これを逆にすればどうなるでしょう？　預金を課税口座に置き、投資信託をDCの非課税口座で運用するのです。預金の金利0・1％が課税となりますから、さきほどと同じく税率を20％で計算した場合、手取りは0・08％。これに対して投資信託の収益3％には税金がかかりませんから、そのままです。こちらのトータルリターンは（0・08％＋3％）÷2＝1・54％となり、先ほどの1・25％よりも実質手取りは多くなります。

重要なのは、どちらのケースでもアセット・アロケーションは同じだということです。つまり、資産の配分比率は変わりませんから、リスクはまったく同じなのです。ところが無税の活用方法すなわちお金の置き場所を変えるだけで利益が出た場合のリターンが上昇することがわかります。つまり非課税制度の活用方法によって税引き後の手取り収益が変わってくるということです。

これはDCに限らず、NISAや財形貯蓄のような非課税口座であれば同じことが言えます(もちろんNISAは預金を利用することはできませんが)。つまり論理的に考えると、税優遇のあるものはできるだけ期待リターンの高いもので利用する方がお得だということです。これはある意味当然です。

例えば家電量販店で全品半額セールをやっているとしたら、乾電池1個だけ買って帰ってくる人はいないでしょう。何でも半額になるというのであれば買いたいと思っていた高額商品、例えばパソコンやテレビを買おうと考えるはずです。

メンタル・アカウンティングにとらわれないように

どうやら多くの人は税の効果というものについてあまり具体的なイメージを持って

いないようです。DCのような税優遇の大きい制度であるにもかかわらず、定期預金のままで置いてあるケースが多く見受けられます。これは経済合理性から考えると実に不合理です。

なぜこのような不合理な行動を選択するのでしょうか。これは明らかに認知バイアスの1つであるメンタル・アカウンティング（心の会計）が影響していると思われます。つまり「年金＝安全性重視」という観念にとらわれてしまうことによって、何が何でも定期預金のような安全資産に置いておくべきだと考えてしまいます。

実際にはお金に色はついていませんから、税効果を活用して自分の資産のトータルリターンを高めることを考えればいいのですが、メンタル・アカウンティングに捉われてしまって、適切なアセット・ロケーションを考えようというところまで思いが至らないのです。

しかしながら、年金資産のように運用期間が長いものは、期待リターンの高いもので非課税を利用するということのメリットは非常に大きくなってきますから、アセット・ロケーションを考えることの重要性は大きいと思います。

どの金融商品で運用しているのか、というアセット・アロケーションだけではなく、どの制度を使って運用するか、というアセット・ロケーションをもう一度見直してみることが必要ではないでしょうか。

6. 株式こそがリアルマネー

現金だって本当はバーチャル

最近の電子マネーの普及は非常にめざましいものがあります。プリペイド式やポストペイ方式のものから仮想マネー方式に至るまで、トータルな発行枚数はおサイフケータイまで入れると1億枚をはるかに超えているようです。

また、最近では電子マネーではありませんが、仮想通貨と言われるビットコインなどの取引も非常に活発になっています。

こうした電子マネーや仮想通貨についてはさまざまな意見がありますが、多くの人はこうした種類のお金はバーチャルマネーであって、紙幣などの現金がリアルマネーだと考えている人が多いようです。確かにそんな気がしないでもありません。紙幣は目の前に見えているものであるのに対して電子マネーはディスプレイには現れるものの、単なるデータとしてしか認識されていないからです。

でもよく考えてみると、実は紙幣だってバーチャルマネーなのです。そもそも通貨というものはすべてが信用の下に成り立っています。日本の1万円札は日本の国民が全員1万円という金額の価値があると認めているから紙切れでも1万円の値打ちがあるとされているのです。でもこれは世界中どこでも普遍的な価値を持っているわけではありません。

例えば日本円をアフリカの奥地に持って行っても、それはただの紙切れであって何の値打ちもないとされるでしょう。それはその地において日本円に対する共通の価値観と信用が存在していないからです。

これに対してドルのような国際基軸通貨であれば、少なくとも世界的には日本円以上に共通の価値認識はありますので使用にあたっての汎用性はより高いと言えます。そのドルにしてもかつてのような兌換紙幣（いつでも金と交換できる通貨）ではありませんから、やはり一定の信用の下に発行されているバーチャルマネーであることに変わりありません。

現金がリアルマネーだというのは明らかにヒューリスティックによる勘違いです。通貨の歴史をたどってみれば、価値を交換するための仲介物として生まれたのが通貨ですから、そもそもの成り立ちからしてこれはバーチャルなものです。

石器時代には石が通貨として使われていました。やがて鋳造技術が生まれて貨幣になり、紙が発明された後は紙幣が作られた。同様に電子技術の発達によって紙が電子媒体に変わっただけのことです。

リアルマネーとは何か？

ではリアルマネーとは一体何でしょう？　金（ゴールド）はある種のリアルマネーであることは間違いありません。世界中のあらゆる通貨に比べて普遍的な価値尺度になりうるものだからです。ただ、金というものはそれ自体が何か新たな価値を生み出すものではありません。そういう意味で考えると私はむしろ株式こそがリアルマネーなのではないかと思っています。

なぜなら株式というのは〝活動することによって新たな付加価値を生み出す主体〟

である企業の価値を表象するものだからです。ところが、世の中一般では株式やそれに投資することについてうさんくさいものと言う目で見ている人が多いようです。「額に汗して働いたお金＝現金は確かなものだけど、株で儲けたお金はあぶく銭だ」という考えはいまだに多くの人が持っています。

しかしながら、〝現金〟は一定の信用が維持されている間は確かなものでしょうが、その信用が崩れてしまうと本当にただの紙切れになってしまいます。われわれは歴史の中でそういう例をたくさん見てきました。

これに対して、株式というのは何かリスクのある事業を行う場合に、「有限責任」が適用されることで、出資者が負担するリスクを限定することにより、安心してお金を出すことができる仕組みです。これによって誰もが〝株式を通じて企業に出資をする〟という形で社会の発展に貢献することができるようになったのです。いわば株式は人類の最も偉大な発明の1つだと私は思います。

さらに素晴らしいことは、会社を設立する際に出資されるだけではなく、その出資証券である株式が広く世の中で売買されることで流通するようになったということです。実際にトヨタやアップル、ネスレといった日米欧を代表する企業の株は世界中いたるところで取引されており、その価値についても世界中の人に認識されています。これこそがリアルマネーと言えるのではないでしょうか。

株式投資は単なるマネーゲームでも怪しいものでもありません。世の中にお金を回すことで社会の発展を助けるものです。もし怪しいとすればインサイダー取引など、取引にまつわるさまざまな不正が怪しいのです。これは株式投資に限らず、世の中のすべての商取引においても同じことです。

私はすべての人が株式投資をすべきだとか株を持つべきだとは思いませんが、われわれが生きている自由資本主義社会というものがどういう仕組みと背景で成り立っているのか、ということは知っておいて損はないと思います。

少なくとも株式はリアルマネーであり、株式投資は社会の発展に貢献することであるという認識をたくさんの人が持つことによって株式市場は健全な発展をしていくことになるのではないかと思います。

［終　章］

では、
どうすれば
いいのか？

ここまで、投資や資産運用にあたって、人間の心理が生むさまざまな誤解や陥りがちな罠についてお話してきました。

ではこうした誤解や罠に陥らないようにすることは可能なのでしょうか？　この終章ではどうすればそういう間違いをせずに済むか、という言わば対策編についてお話していきたいと思います。

実を言うと、人間が自然に心のおもむくままに考え、行動している限りはこうした間違いから逃れることはほぼ不可能だと言えます。行動経済学では「人間がどうして不合理な行動をするのか？」ということについて〝これこれ、こういう心理になるからこんな間違いを犯すのだ〟という説明は可能です。

ところが、そもそもなぜそういう心理になるのか？　という部分については解明されていません。これは脳の働きによるものだからです。したがって、これを解明するためには行動経済学というよりも神経経済学といった新しい分野とか、大脳生理学のようなところからのアプローチが必要になってくるのです。脳のどの部分がどのように反応することで人間が判断を下すかという研究が現在も続けられています。

そこで、この終章ではまったく別な観点からのアプローチとして、われわれが行動習慣でこういった不合理な過ちを防ぐことができるかどうかについて考えてみたいと思います。ここでは対応方法として5つのポイントを考えてみました。

(1)心の命ずるままにならない仕組みをつくる

投資判断を間違うのは多くの場合、自分の心の命ずるままに判断してしまうからです。

株が上がり始めると、どこまでも上がると思いがちな心理から買い増しをしたくなります。逆に下がり始めると不安になって売ってしまう。それも早い時期に売るのであればともかく、できるだけ損は先延ばししたい気持ちが働くために最後まで売らずに辛抱し、相場下落の最終局面になって半ばパニック的な心理状態に陥って底値近辺で売ってしまう。このような行動を取りがちだということは、第3章の1節「なぜ株式投資は十勝一敗でも損をするのか？」でもお話した通りです。

放っておくとこういう心理状態になってしまうのだとすれば、自分の心の命ずるままにならない仕組みを作ることが必要です。具体的にここでいう〝心が命ずること〟というのは売買のタイミングのことを指します。価格の変動が売買タイミングの判断を狂わせてしまうということなのです。だとすれば、できるだけ売買のタイミングを考えずに自動的に購入する仕組みを考えることが必要です。

最も手っ取り早いのはサラリーマンであれば「給与天引き」で、自営業者であれば「銀行の自動引落し」を使って投資することです。具体的な投資方法としては毎月一定金額で投資をしていく「ドル＝コスト平均法」を利用するということになるでしょう。この「ドル＝コスト平均法」は第2章の2節で、完璧な方法ではないということを書きましたが、少なくとも自分で売買のタイミングを判断することがない分、不合理な意思決定をしてしまうことがないという大きなメリットがあります。

また、最近話題になっている投資手法としてバリュー平均法というやり方もあります。詳細は紙面の関係でここでは述べませんが、ドル＝コスト平均法が機械的に毎月一定金額で購入するのに対して、バリュー平均法では、一定期間経過後の金額が等しくなるように購入金額を調整します。場合によってはかなり株価が上昇した場合など、一部を売却することもあります。すなわち下がった場合はより多くの金額を投入し、上がった場合はより少なく、場合によっては売却するという方法を取ることで機械的に合理的な投資をしようというやり方です。

どちらの場合も共通するのは人間の感情による判断が入り込まないということです。これが必ずしも利益を挙げる最高の方法ではありませんが、少なくとも大きく損をすることにはなりにくいということは言えると思います。

(2)ルールを決める

2つ目のポイントは投資をするにあたって、自分でルールを決めるということです。前項でお話したことも、ある意味ルール化なのですが、投資のタイミングをルール化するだけではなく、投資金額や投資判断にも一定のルールを作っておくことが大切です。

まずは運用枠を決めるということです。投資をして、たまたま儲かり始めると欲が出てきて、さらに多額の資金を投入したくなります。ところが儲かり始めているということはかなり株価が上がってきているということですから、そこで資金をさらに追加投入するというのはそれまでよりも高値で買い上がるという危険な行為ということになります。もちろんそういう時は往々にして短期間で儲かることも多いのですが、それなりにリスクが高まっている中での投資だということを忘れてはいけません。

また逆に下がった時に無意味なナンピン買いをするために運用枠を増やすということもあまりお勧めできるものではありません。運用枠を設けるというのは自分の資産全体を管理する上でのポートフォリオ戦略ですから、仮に株式への投資枠を増やすということであれば、単なる思いつきや「上がった、下がった」という気持ちの変化で安易に決定するのではなく、投資方針と自分のリスク許容度をよく考えた上で戦略変更を行うべきです。

さらにある銘柄に投資しようと思う場合はどういう基準で買うか売るかを決めておくことも大切です。株式は高くなったら売るのではなく割高になった時に売るべきであり、買う時も安くなったら買うのではなく、割安になった時に買うのだということはよく言われることです。

では何を以って割高、割安とするのかという基準ですが、これは人によって違ってもかまいません。私の場合は投下資本利益率が加重平均資本コストをどれぐらい上回っている状態であるか、を判断の基準にしていますが、そこまで考えなくても単純に市場平均の株価収益率（ＰＥＲ）を○割以上上回れば割高、逆に下回っていれば割安という程度のものでもいいでしょう。こういう基準を自分なりに持っていれば市場の動きに惑わされてあたふたすることはありません。

また短期的な売買を繰り返して儲けようと思っている人にとってもルール化をしておくことは大切です。

例えば前述のように人間は、プロスペクト理論によって利食いは早めに、損切りは先延ばししてしまいたくなるという心理になりがちです。そこで下がった場合には「ここまで下がれば売ってしまう」というロスカットルールを決めておくことが傷を深くしないためには有効と言えるでしょう。

(3) 体験する

不合理な意思決定を行ってしまう最大の理由は人間が陥りがちな心のクセにあると言えます。そうならないようにするためには、感情が入り込まないよう、(1)や(2)で説明したように仕組みやルールを作ることは大切です。

ところが、単に仕組みやルールを作ったとしてもそれだけでは教科書から理屈で学んだことと同じに過ぎません。例えば山登りの時の歩き方をいくら本で読んでも実際に歩いてみないと、基本を理解していないといかに危険か、そして本に書いてあることがいかに優れた合理的な歩き方であるかが実感できないのと同じです。

大切なことは〝体験してみる〟ということです。例えば(1)で紹介した「積立て投資」です。よく、積立て投資の方法として、「いったん、積立てを始めたらあとは見ずに放ったらかしておけばいい」という話を聞きます。これはある一面は正しいのですがある意味では間違っています。特に初めて積立て投資を経験する人は絶対放ったらかしておいてはいけません。しばしば残高や値動きを細かくチェックすべきです。「長期投資は目先の価格の変動に一喜一憂してはいけない」と言われますが、初心者は大いに一喜一憂すべきです。

なぜならその方が自然な人間の心理だからです。いくら積立てで機械的に買っていても株価が下がると見るのも嫌になります。短気な人や心配性な人なら積立て自体を止めてしまうかもしれません。

逆に株価が上がると嬉しくて毎日自分の残高を見ます。中には1日に2回も3回も見る人だっています。投資信託なら価格は1日変わらないのでそんなことをしてもまったく意味はないのですが(笑)、つい見てしまいます。さらに人によっては積立て金額を増やしたくなります。

でもこうしたことは基本的にはすべてやってはいけないことです。本来は下がった時こそ買い増しし、上がった時はむしろ減らすくらいの方がいいのですが、それは人間の素直な感情と反することなので容易ではありません。

そこで積立て投資を続けていたとしても時として前述のような不合理な行動を取りがちになります。この気持ちを体験することが大切なのです。「危ない、危ない、失敗するところだった！」とわかってくれれば大成功です。

仮に失敗しても良いのです。積立て投資ですから最初からいきなり大きな金額で始めるわけではありません。失敗しても損失はたいしたことはありません。むしろ少ない金額の時に失敗を経験しておくことが大切です。なぜなら人間は失敗からしか、なかなか学ぶことができないからです。

こうした失敗を体験すれば、目先の株価に一喜一憂してはいけないということの意味が理解できるはずですし、積立て投資を始めたら放ったらかしておけばいいということの本当の意味がわかるはずです。「危ないところに近寄ってはいけないよ」というくら親から言われてもそういうところこそ行ってみたいという気持ちになる経験は誰もが持っているはずです。ほんの少しだけ恐い体験をすることもとても大切なことなのです。

(4)見た目に惑わされない

これは行動経済学でいう「権威付け効果」に惑わされないようにしましょうということです。日本でも有数の大手金融機関だから大丈夫とか、FP資格を持っているから大丈夫と安心して頼り切ってしまうことは避けなければなりません。

金融取引において、取引先の金融機関が大手であることについて投資家から見たメリットと言えるのはなんでしょう?

1. 店舗数が多いので出かけて行きやすい
2. それなりに人を配置してシステムもしっかりしているので処理のミスが少ない
3. 経営が安定している
4. 対面で相談できる

いずれももっともらしいメリットですが、そもそもこれだけネットで取引ができる時代にはわざわざ時間をかけて出かけていく必要はありません。処理ミスが少ないのはその通りでしょうが、仮に中小であっても処理のミスをし、それによる損失が発生すればこれは明らかに「事務ミス」ですから補償はしてくれます。経営が安定しているという要素は、もし破綻した場合に一定額までしか補償されない「預金」であればとても大切です。でも投資信託や株式の場合は取引している金融機関が破綻しても分別管理されていますので心配はありません。

「4．相談に応じてくれる」というのは果たしてメリットでしょうか？　自社の金融商品を勧められるだけであって、投資家にとってメリットなのかどうかはわかりません。むしろ変な商品を買わされるかもしれないというリスクの方が大きいと言えます。

では逆にデメリットは？　というと、大手金融機関は社員数が多いためコストが高く、結果としてさまざまな手数料が高くなりがちです。当然、相談しても手数料の高い商品を勧められがちということになります。ビジネスなのですからこれは当り前のことで、そうした大手金融機関を責めるのは筋違いです。これに気づかない投資家の方が悪いのです。

立派な本社ビルや頻繁に放映されるテレビＣＭ、新聞一面を大きく使った広告、これらの費用は一体どこから来ているのか？　それはみんな取引をしているあなたが払う手数料だということを知っておくべきです。

日用品や耐久消費財であれば、価格が高いものはそれなりに機能も使い心地も耐久性も優れているでしょうし、その商品がもたらしてくれる便益はある程度価格に比例すると言っていいでしょう。安かろう悪かろうは真実です。

ところが金融商品がもたらす便益はマーケットから得られるリターンであり、これは誰もわからない、不確実なものです。手数料などのコストはこうしたリターンに対して確実にマイナスに作用します。したがって金融商品に関して言えば、「高かろう、悪かろう」というのが真実です。

したがって構造的に規模や人数の多い大手金融機関は、最初から選ばれる側としてはかなり不利な状況にあるのです。ところが、他の製造業と同じように「大手＝安心」と思い込んでしまう勘違いが多くの人の心を支配しています。ここから解き放たれることが必要です。

(5)他人を気にしない

心の罠から逃れる5つのポイント、最後は他人の動向や意見を気にしない、ということです。でも5つの中では恐らくこれが一番難しいと思います。なぜなら投資というのは常に先の見えない不確実なものだからです。したがって、どこまでいっても不安な気持ちから逃れることはできません。人は不安な心理に陥ると、つい何かに頼りたくなります。

第3章の6節「みんなどうしてる？――不思議な心理」でも書いたように他の人はどうしているのだろうということが知りたくなります。みんなと同じ行動をすることはほとんど意味がないと頭ではわかっていてもそのことがもたらしてくれる安心感は限りなく大きいものです。

また、他人と同様に行動するということではありませんが、ストラテジストやエコノミストといった経済やマーケットの予測を専門とする職業の人たちのコメントは投資するにあたっては当然聞いてみたくなります。ところがこれも先のわからないものを予測するわけですから、第5章の4節「ストラテジストの予想はなぜ当たらないのか？」にも書いたように、彼らだってさまざまな心理バイアスに陥ってしまい、常に的確に当て続けるなどということはできません。

したがって、〝よく当たる誰か〟のご託宣をひたすら信じるのも決して正しい行動とは言えません。短期のマーケット変化を当て続けるなどというそんな神がかり的な人は存在しないからです。当たってもそれは〝たまたま〟です。

ではどうすれば他人を気にしなくなるかというと、これは正反対に思えるかもしれませんがいろんな人の意見を聞くことです。それも多数派に流されたり、1人の人の意見や考え方を信じるのではなく、できるだけ異なる考え方の人たちの意見を幅広く聞くことが大切です。投資にもいろんな流派があります。どの流派もあたかも自分のところが一番正しいような言い方をしますが、しょせん、先のことは誰もわからないのですから、あまり当てにはなりません。1人の人の信者になるのではなく、いろんな異なった人の意見を聞くことが大切です。逆説的ですが、いろんな人の意見を聞くことで他人を気にしなくなります。

最近では個人投資家の集まりやネットでのコミュニティで個人が投資にあたってさまざまな意見交換や意見表明する場が出てきています。孤独感を味わうことなく、特定の人の信者になるのでもなく、考え方の異なる意見を聞いていくことが人の意見に惑わされなくなる秘訣だろうと思います。

以上、心理的な罠から逃れることは極めて難しいという前提にたって、それを防ぐためにはどういう行動習慣を持てばいいかということについて、私なりに自分で体験したことからポイントをお話ししてきました。そろそろ紙幅も尽きてきましたので、このあたりでまとめたいと思います。

最後に

昔から株式投資は理屈通りにはいかない、ということはよく言われます。でも昔から人間は何とかこの不可解な株価の動きを明らかにするための理論や分析を色々と考えてきました。現在では、株式投資において投資対象やタイミングを分析するための手法として、「ファンダメンタル分析」と「テクニカル分析」があります。

ファンダメンタル分析は企業の業績や財務状況を分析することで企業の〝これから〟を予測するのに対して、テクニカル分析は、過去の株価の動きに一定の法則性を見出し、今後を予想する、すなわち〝いままで〟の分析に重点を置きます。ところがどちらも必ずしも理論通りにはならず、うまく行かない場合も数多くあります。

恐らくこの最大の理由が「人間の心理」にあるのでしょう。ファンダメンタル分析には人間の心理を考える要素は出てきませんが、テクニカル分析は過去の株価の動きを分析するものです。当然そこには過去の人間の心理が入ってくるはずなのですが、それでもあまり当たらないことが多いのです。

恐らく人間の心理というのはもっと複雑なのです。同じような下落局面でも経済の状態によって気持ちの感じ方はまったく異なってくるでしょうし、過去に同じような経済状態になった時と同じように行動するとは限りません。ここが難しいところです。

ただ、難しいからといってあきらめてしまうのではなく、どんな時に人はどんな心理状態になるのか、そしてそれが投資の意思決定にどういう影響を与えがちなのかということを知っておくことは決して無駄ではないと思います。本書やそのもとになった日経電子版のコラムを書き始めたのも、投資や資産運用において失敗しがちな例を紹介し、それを行動経済学という学問を通じて、「なぜそうなるのか?」ということをたくさんの人に知ってもらいたかったからです。そしてそれを知った上で、少しでも不合理な意思決定に陥らずに損を避けることができればという思いがあったからです。

実は行動経済学で不合理な行動というのは投資や資産運用だけではなく、生活のあらゆる面で見られます。それらについては私の別の著書でたくさん紹介しましたが、買い物や日常生活における多少の不合理はあまり問題ありません。仮に無駄なことをしたり損をしたりしてもそれは一過性のものだからです。

ところが投資や資産運用というのは非常に長い期間にわたって続いていくものですから、うっかり損をしたまま気づかない場合に知らないうちに損が大きくなってしまうということが起こり得ます。無駄な保険にたくさん入ったり、運用管理費用の高い投資信託を買ったり、相場の動きに惑わされて株の売買を繰り返したりと、こうしたケースは枚挙にいとまがありません。

本書ではそうした実際例を具体的に紹介しながら、なぜそうなってしまうのかに至る人間の心理を解き明かし、そうならないようにするためにはどうすればいいかを書き綴ってきました。これを読んでいただいたみなさんがそうした心のクセに気がつき、少しでも損失を被ることなくより良い方向で資産形成や資産運用ができるようになることを願って筆を置きたいと思います。

おわりに

行動経済学というのはとても面白い学問です。私は行動経済学会の会員なのですが、毎年開催される「行動経済学会」の大会では経済学者の人たちだけではなく、医学部や社会学部、文学部といったさまざまな分野の先生方が集まります。実際に医療活動などでも行動経済学が応用されているようです。

なぜ行動経済学が面白いかというと、一言で言えば、人間の心理に根差したものだからです。誰もが「それ、あるある」という事例がいっぱいなのでとても身近に感じられるのです。行動経済学は人間の生活のあらゆる面に影響していると言ってよいと思います。

私もそんな行動経済学に魅せられて勉強しているうちにより多くの人にこの面白さを知らせたいと思うようになり、本を書き始めました。行動経済学の本は今までに4冊ほど書きました。本書は他の本と違って「投資」がテーマです。私自身、長年にわたって証券会社で投資家のみなさんと向き合ってきた経験から一番得意な分野であり、かつ自分の経験に基づいたものですので、最も書きやすかったという印象です。

行動経済学というのはまだ新しい分野です。恐らくこれからも多くの実験に基づいてさまざまな新しい理論が出てくるだろうと思います。終章でも書きましたが、神経経済学や大脳生理学といった分野の研究が進めばさらにもっといろいろなことがわかってくるようになるでしょう。私自身は学者でも何でもなく、ただのコラムニストですので専門研究をすることはありませんが、これからも行動経済学には注目し、勉強することによって多くの方にできるだけわかりやすく伝え、興味を持っていただけるよう執筆や講演を続けていきたいと思っています。

最後に、本書を出すにあたってはいろいろな方に大変お世話になりました。日本経済新聞電子版「投資賢者の心理学」の連載は、当時の深田武志編集長をはじめ、最初に編集を担当してくださった白尾和幸さん、そして次に担当していただいた佐藤一之さんのご尽力で1年3カ月にわたって続けることができました。

書籍化、そして今回の文庫化にあたっては日本経済新聞出版社の野崎剛さんに担当していただきました。野崎さんには多忙を極める中でさまざまなアドバイスをいただき、感謝しております。

また野村證券時代に一緒に働いた仲間や私が担当させていただいたお客様からは本当に多くのことを学ばせていただきました。本書はそうした経験の集積の上にできたものだと感じています。

最後に、執筆にあたって電子版連載の当時から協力してくれた妻 加代にも感謝をしたいと思います。

2017年12月

本書は、二〇一五年七月に日本経済新聞出版社から発行した同名書を文庫化したものです。

日経ビジネス人文庫

投資《とうし》賢者《けんじゃ》の心理学《しんりがく》

2018年1月5日 第1刷発行

著者
大江英樹
おおえ・ひでき

発行者
金子 豊

発行所
日本経済新聞出版社
東京都千代田区大手町1-3-7 〒100-8066
電話(03)3270-0251(代) http://www.nikkeibook.com/

ブックデザイン
鈴木成一デザイン室

印刷・製本
凸版印刷

Printed in Japan ISBN978-4-532-19845-9

nbb 好評既刊

ビジネススクールで身につける仮説思考と分析力

生方正也

難しい分析ツールも独創的な思考力も必要なし。事例と演習を交え、誰もが実践できる仮説立案と分析の考え方とプロセスを学ぶ。

江連忠のゴルフ開眼！

江連 忠

「右脳と左脳を会話させるな」——。歴代賞金王からアマチュアまで、悩めるゴルファーを開眼させたカリスマコーチの名語録。

つらい仕事が楽しくなる心のスイッチ

榎本博明

ポジティブ思考を作る、自身の強みを活かす、人の気持ちを引き出す……。円滑なビジネスに役立つ心理学のノウハウを人気心理学者が説く。

チャールズ・エリスが選ぶ「投資の名言」

チャールズ・エリス
鹿毛雄二=訳

ケインズからバフェットまで、投資判断に迷った時や「ここぞ」という時に勇気と知恵を与えてくれる、天才投資家たちの名言集。

キャピタル 驚異の資産運用会社

チャールズ・エリス
鹿毛雄二=訳

全米屈指の運用会社、キャピタル・グループ。その独特の風土や経営術、人材活用法で驚異の運用成績をあげるまでのドラマを描いた話題作。

nbb 好評既刊

投資賢者の心理学

大江英樹

なぜ投資家はみんな同じ失敗をするのか？　行動経済学の視点から投資家の「心」にスポットを当て、投資で勝てない理由を解き明かす。

株が上がっても下がってもしっかり稼ぐ投資のルール

太田　忠

過去の投資術だけでは長続きしない――。確実に儲ける新時代の手法を、豊富なアナリスト、ファンド・マネジャー経験を持つ著者が指南。

賢い投資家必読！株に強くなる本88

太田　忠

入門書から名著、古典、小説まで、賢い投資家になるために必読の投資本88冊を一挙紹介。『投資をするならこれを読め』を7年ぶりに改訂！

「やる気」アップの法則

太田　肇

一見やる気のない社員も、きっかけさえ与えれば、俄然実力を発揮する！　タイプ別に最も効果的な動機づけ法を伝授する虎の巻。

ビジネススクールで身につけるファイナンスと事業数値化力

大津広一

ファイナンス理論と事業数値化力はビジネスの基礎力。ポイントを押さえた解説と、インタラクティブな会話形式でやさしく学べる。

nbb 好評既刊

ワールド・ビジネスサテライト 技あり！ ニッポンの底力

テレビ東京報道局＝編

真空式トイレ、タマゴのヒビ検知器——。隠れた日本の技術力を紹介する「ワールド・ビジネスサテライト」の人気コーナーを文庫化。

ワールド・ビジネスサテライト 再生ニッポン

小谷真生子
テレビ東京報道局＝編

沈滞ムードが漂う日本経済。ワールド・ビジネスサテライトのコメンテーターが集結し、経済活性化の具体的な処方箋を提言！

株式投資 これだけはやってはいけない

東保裕之

ちょっとしたことに気をつければ株式投資のリスクは減る。注文の出し方から株価指標の見方、信用取引まで「株式投資べからず集」。

株式投資 これだけ心得帖 文庫増補版

東保裕之

株式投資で勝ち組になるために不可欠な72のこだわりを、相場のプロが問答方式で語る。一時間で読めて一生役立つ株の本。

戦国武将の危機突破学

童門冬二

信長、家康など九人の人間的魅力を解剖。ビジネスで戦うリーダーに求められる指導力、判断力、解決力が学べる好読み物。

nbb 好評既刊

昭和戦争史の証言
日本陸軍終焉の真実

西浦 進

日本陸軍はいかに機能し、終焉したのか。いまだ謎の多い陸軍内部を、豊富なエピソードを交えてエリート将校が明かす。

企業再生プロフェッショナル

西浦裕二=編著
アリックスパートナーズ・アジア・エルエルシー=監修

企業再生のプロフェッショナル、アリックスパートナーズの企業再生手法を物語形式で紹介。ターンアラウンド・スペシャリストの実務を解説。

もっともやさしい
株式投資

西野武彦

「解説書を読んでみたけれど、いまひとつ理解できない」という人のために、基礎の基礎から実際の売買までをイラスト入りで解説。

ネット株投資は
じっくり堅実に楽しもう

西野武彦

豊富な情報、いつでも売買、ネット取引は中高年などに最適。投資サイトの活用法、決算数字の正しい読み方まですべてがわかる解説書。

世界で最も読まれている
株の名著10選

西野武彦

『賢明なる投資家』『マネーマスターズ列伝』——。世界を代表する株の名著10冊を紹介し、カリスマ投資家の生涯と投資の極意を伝授します。

nbb 好評既刊

株で勝つ！ 相場格言400
西野武彦

「最初の損は最良の損」「木は山に植えよ」――。迷ったときに読みたい、先人達の相場の格言・至言を多数収録。実戦に役立つ解説付き！

妹たちへ
日経WOMAN＝編

「20代はみっともなくていい」「年齢神話に惑わされるな」――唯川恵、小宮悦子、阿川佐和子ら27名が「妹」たちへ贈るメッセージ。

妹たちへ2
日経WOMAN＝編

「後悔ばかりの30代も面白い」「辛い時こそ飛躍のチャンス」――香山リカ、小谷真生子、勝間和代ら16人の先輩から妹たちへ。待望の第2弾。

日経ヴェリタス 大江麻理子のモヤモヤとーく
日経ヴェリタス＝編

ポッドキャスト人気番組が文庫に。テレビ東京の大江アナと一緒に、わかったようでわからない時事経済についての疑問をスッキリ解決！

日経ヴェリタス 大江麻理子のモヤモヤとーく2
日経ヴェリタス＝編

「欧州危機はどうなるの？」――大江アナが、時事問題のモヤモヤを記者にぶつけスッキリ解決！Pod Castの人気番組、文庫化第2弾。

nbb 好評既刊

定年後を海外で暮らす本

中村聡樹

英語の勉強やボランティア活動など、目的を持って、過ごしたい時期だけ海外で暮らす。そんな生活の実現に役立つ情報が満載です。

京大医学部で教える合理的思考

中山健夫

まずは根拠に当たる、数字は分母から考える――。京大医学部教授がEBM（根拠に基づく医療）研究の最前線から、合理的な思考術を指南。

フリーで働く！と決めたら読む本

中山マコト

金銭的リスクを徹底的に回避する、自分を最強の商品に仕立てる――。フリーで成功する絶対法則と仕事術を「プロのフリーランス」が伝授。

ゴルフを以って人を観ん

夏坂 健

ゴルフ・エッセイストとして名高い著者が、各界のゴルフ好き36人とラウンドしながら引き出した唸らせる話、笑える話、恐い話。

騎士たちの一番ホール

夏坂 健

「ゴルファーとは、打つ前に自分のハンディの数だけモノを考える不思議な生き物である」。有名人の名言とともに綴るゴルフエッセイ集。

nbb 好評既刊

ゴルフがある幸せ。

夏坂 健

リンクスの決闘、ドラコン少年と伯爵、キャディの人間国宝――「読むゴルフ」の伝道師が贈る、ゴルフにまつわる悲喜こもごものドラマ。

昭和天皇のパター

夏坂 健

箱根・富士屋ホテルの物置から見つかった1本のパター。もしやこれはゴルフ好きの陛下のものでは――。絶筆となった表題作を含む短編集。

日本相場師列伝Ⅱ

鍋島高明

命を賭け、相場を張った男たちの波瀾に満ちた一生を、もっとも輝いた瞬間にスポットを当てて描く！ 70人の市場の勇者を一挙収録。

語り継がれる名相場師たち

鍋島高明

成功した相場師は何がすぐれていたのか？ 岩崎弥太郎、笹川良一、初代伊藤忠兵衛など、厳しい相場を生き抜いた男たちを描く。

日本の優秀企業研究

新原浩朗

世のため人のための企業風土が会社永続の鍵だ――。徹底した分析により、優秀企業たる条件を明快に示した話題のベストセラー。

nbb 好評既刊

あなたがお金で損をする本当の理由

長瀬勝彦

きちんと考えて選択した賢い買い物にこそ、意外な落とし穴が⁉ 意思決定論のプロが、損をしないための実践的知恵を伝授します。

中谷巌の「プロになるならこれをやれ！」

中谷 巌

「自らの考えを100語でまとめる力を磨け」「英語を身に付けよ」。仕事のプロを目指すビジネスパーソンへ贈る熱きメッセージ！

中野孝次 中国古典の読み方

中野孝次

人間の知恵の結晶・中国古典。著者が老年に最も愛好した中国古典の味わい深い魅力を中野流人生論として縦横に語る。

人は何を遺せるのか

中野孝次

お金では買えないもの、遺すに足るものとは何かを独断と偏見で考察。プリンシプルと気骨のある生き方をすすめる異色の生きがい論。

中部銀次郎 ゴルフの神髄

中部銀次郎

「技術を磨くことより心の内奥に深く問い続けることが大切」――。伝説のアマチュアゴルファーが遺した、珠玉のゴルフスピリット集。